ANIMALES CHAMÁNICOS DE PODER

DON JOSÉ RUIZ

ANIMALES CHAMÁNICOS DE PODER

COMPRENDE LAS ENSEÑANZAS
DE LA FAUNA SALVAJE A TRAVÉS
DE LA RUEDA MEDICINAL

URANO

Argentina – Chile – Colombia – España
Estados Unidos – México – Perú – Uruguay

Título original: *Shamanic Power Animals – Embracing the Teachings of Our Non-Human Friends*
Editor original: Hierophant Publishing, San Antonio, Texas
Traducción: Nuria Marti Pérez

1.ª edición Mayo 2022

Part Page Illustrations by Varlamova Lydmila and KHIUS || Shutterstock
Medicine Wheel Illustration by Garylarts
Animal Illustrations || Shutterstock

ISBN: 978-84-17694-67-8
E-ISBN: 978-84-19029-74-4
Deposito legal: B-4.898-2022

Fotocomposicion: Ediciones Urano, S.A.U.

Impreso por: Rotativas de Estella, S.A. – Poligono Industrial San Miguel
Parcelas E7-E8 – 31132 Villatuerta (Navarra)

Impreso en España – *Printed in Spain*

ÍNDICE

PRÓLOGO

En la tradición tolteca enseñamos la importancia de cultivar el respeto hacia los demás animales que cohabitan con nosotros en este bello planeta. También reconocemos el poder que todos los animales tienen para enseñarnos mediante sus características y su conducta, así como la infinidad de historias culturales y mitológicas que nos revelan nuestra interconexión con estos asombrosos seres desde la antigüedad.

Las historias de animales también ilustran el hecho de que de entre toda la asombrosa e inmensa diversidad de vida en el planeta, a los animales humanos se nos ha dado la habilidad de moldear nuestra realidad con la imaginación, el lenguaje y la destreza manual. Dotados de estas poderosas herramientas o dones, los humanos podemos analizar, crear y perfeccionar. Creamos culturas, nos transformamos y modificamos la naturaleza y el mundo natural. Estos son los poderes únicos reservados al animal humano, y tenemos la responsabilidad de usarlos sabiamente y en beneficio de todos los seres.

Lamentablemente, sabemos que a menudo no es así. Muchos animales son víctimas de malos tratos y del exterminio y sus hábitats son destruidos a resultas de la acción y la inacción humanas. Y cualquier solución duradera solo se nos ocurrirá en cuanto estemos dispuestos a mirar en nuestro interior y hacer cambios movidos por un amor incondicional en lugar de por la codicia y el miedo.

Los humanos también hemos hecho mal uso de nuestros dones, lo que nos causa un gran sufrimiento en todos los sentidos. Somos los únicos animales que nos formulamos recriminaciones, nos comparamos con los demás y nos rechazamos. Y nos juzgamos a nosotros mismos creyendo no «valer lo suficiente». Nos castigamos una y otra vez por los mismos errores, y con el veneno emocional que estos pensamientos generan hacemos sufrir a los demás.

Como los otros animales no hacen ninguna de estas cosas, pueden ser nuestros maestros, sobre todo en lo que se refiere a la práctica de vivir el momento presente. Nos recuerdan que no debemos juzgarnos, castigarnos ni ir en contra de nosotros mismos de ningún modo. Los animales al carecer de estas tendencias humanas nos invitan a vivir en armonía tal y como son las cosas.

En este libro mi hijo don José Ruiz comparte la sabiduría de los animales desde el fondo de su corazón. Nos enseña que el conocimiento sobre el mundo de los animales nos ofrece metáforas que nos ayudan a liberar nuestra mente y a convertirnos en artistas de nuestra propia vida. Como pronto descubrirás, el amor incondicional es la base para esta labor.

En estas páginas nos muestra las numerosas formas en que los humanos podemos aprender del mundo de los animales. Al mismo tiempo, como proyectamos nuestros conocimientos, emociones y experiencias al mundo de nuestro alrededor, trabajar con animales es también una forma profunda de desvelar los misterios de nuestro ser.

Por ejemplo, mientras observamos la conducta de los animales, tendemos a compararla con la nuestra. Queremos ser como algunos de ellos, reflejar su elegancia, fuerza o sabiduría. Pero tememos a otros o menospreciamos su conducta. De esta manera, aprendemos sobre nosotros mismos y lo que queremos cambiar de nuestra vida.

Aunque esto no significa que debamos tomarnos la sabiduría de este libro como la «máxima autoridad». Durante milenios hemos inventado, contado y recontado relatos sobre animales y nuestra relación con ellos. Sin duda, pueden sernos útiles. Pero si no nos andamos con cuidado podemos creer que estos relatos constituyen una verdad absoluta. Así es cómo la mente transforma los relatos útiles en supersticiones, y estas nos hacen vulnerables a que los demás nos manipulen en su propio beneficio.

La tradición tolteca nos recuerda que debemos abandonar cualquier superstición, como todas las que alberguemos sobre el mundo de los animales, y confiar en nuestra intuición, algo que los animales nunca han olvidado.

Espero que este libro traiga amor y alegría a tu vida y que ocupe un lugar especial en tu biblioteca como una fuente de información esclarecedora a la que recurrir en los años futuros.

Con todo mi amor,
don Miguel Ruiz

INTRODUCCIÓN

Cuando su cachorro ha crecido lo suficiente, la madre jaguar lo lleva a su territorio, donde le enseña a acechar a su presa, a nadar, a esconderse y a construir un refugio. Al cabo de siete cambios de estaciones, el cachorro ya está preparado para atreverse a aventurarse por su cuenta.

Un día el joven jaguar se topa con un pequeño grupo de ciervos. Acechándolos con cautela, intenta recordar las lecciones de su madre, pero sin confiar demasiado en sí mismo. Los ciervos al girarse lo ven, y el jaguar titubeando se queda mirándolos fijamente. Pero los ciervos se ríen de él. ¿Dónde está tu madre? ¡No nos das *miedo!* El jaguar regresa a su refugio y durante varios días no quiere aventurarse por cuenta propia. Se dedica a ir a la zaga de su madre cuando ella sale a cazar, huraño y sintiéndose insignificante. Pero al final, su madre se gira hacía él lanzando un rugido potente y protector, y le espeta: *No me sigas. No pienso cazar* más *contigo. Crees que soy yo la que tengo el poder, pero tú también tienes el tuyo. No lo olvides nunca, eres un jaguar.*

Mientras su madre desaparece entre la vegetación, el joven jaguar lo entiende con claridad. Ella había compartido sus conocimientos de supervivencia con él, pero nunca le había dado el poder para ser un jaguar. No se lo podía dar aunque quisiera, ya que este poder se encontraba *en su interior.* Desde aquel día, se atreve a ir a un territorio nuevo como jaguar en busca de alimento y manteniendo el equilibrio entre la fauna y realizando su destino.

Mi padre, don Miguel Ruiz, *un nagual* en nuestra tradición tolteca y autor de *Los cuatro acuerdos*, me contó esta historia hace varios años mientras yo formaba parte de un grupo de sus aprendices más cercanos. Al concluir la historia nos dijo: «Ahora ya no son mis aprendices ni yo soy su maestro. Vayan al mundo y tracen su destino».

Me encanta esta historia y también el contexto en el que mi padre la compartió con nosotros por varias razones. En primer lugar, nos recuerda con vehemencia que todos tenemos el poder en nuestro interior, que todos somos jaguares. En segundo lugar, nos muestra que aprender de otros es provechoso y necesario, pero llega un momento de nuestro viaje en el que debemos ir por nuestra cuenta. Y, en último lugar, nos muestra que los chamanes empleamos historias de animales como ejemplos didácticos poderosos, algo que se suele pasar por alto. Simplemente es así.

Observa cómo el jaguar evoca un determinado sentimiento que una simple palabra no transmitiría. Nos hacemos una idea de la escena en el acto sin proponérnoslo siquiera. Nos identificamos con la vivencia del jaguar y, al mismo tiempo, la vemos desde fuera. Mientras oímos la historia, nos abrimos emocional y físicamente a ella. Es una simple historia con un propósito, por eso nos llega a un nivel más profundo de nuestro ser que cualquier proverbio o lista de reglas para vivir. Este es el poder de las enseñanzas de los animales.

En todas las historias antiguas de cualquier cultura del planeta, desde las de mis ancestros hasta las de los tuyos, los animales desempeñan un papel importante en la creación del mundo. Colaboran con sus hermanos humanos, hablan lenguas humanas, y nos enseñan a entender lo que nos comunican. Las aves, los osos, las serpientes de cascabel, los peces y los insectos comparten su sabiduría en estas historias. Y los animales nos siguen guiando y comparten su sabiduría con nosotros. A los niños les encantan los animales hablantes de los dibujos animados y los libros ilustrados. Y todos crecimos empapados en la sabiduría arquetípica de las arañas, palomas, animales de granja y criaturas marinas. Sin embargo, de adultos nos olvidamos de seguir abiertos a las mismas enseñanzas.

Por esta razón, se puede afirmar que los chamanes, más que en cualquier otra tradición de sabiduría, vemos el mundo natural como nuestro gran maestro, y a los animales de nuestro alrededor como los embajadores de esta sabiduría orgánica.

Chamanismo tolteca

Mi familia pertenece a un linaje que se remonta a los antiguos toltecas, la próspera civilización que existió hace entre tres mil y mil años en la región que ahora es la parte central del sur de México. Al igual que las culturas védicas antiguas de la India del mismo periodo del otro extremo del mundo, los toltecas de Mesoamérica hicieron hincapié en lo que hoy se conoce como espiritualidad, autorrealización o transformación personal.

La visión tolteca sobre estos temas era única de formas fascinantes. Por ejemplo, los toltecas enseñaban que todos somos artistas. En realidad, la palabra *tolteca* significa «artista» en náhuatl, nuestra lengua nativa. Aunque el significado de la palabra artista no solo se refiere a una persona que pinta, esculpe o compone poemas. Ni tampoco se aplica únicamente a los miembros de mi tribu ancestral. Este nombre incluye a cualquier persona de este bello planeta. Los toltecas creen que cada uno de nosotros somos artistas y que el arte que creamos es la historia de nuestra vida.

Otra palabra importante en náhuatl es *nagual*. Y como ocurre con muchas otras palabras, *nagual* tiene dos significados. Por un lado, *nagual* se refiere a la fuerza vital, o la divinidad, que reside en ti, en mí y en todo, lo que algunos llaman «espíritu» o «fuente». Y por otro lado, *nagual* también se refiere a las mujeres y hombres que sirven a la comunidad en la que viven como maestros espirituales. En la actualidad, llamamos a estas mujeres y hombres chamanes. Y aunque en mi tradición tolteca me consideren un nagual, también me considero un chamán porque esta palabra está ahora muy extendida.

Como todo el mundo tiene la energía del nagual en su interior, en la tradición tolteca decimos que cualquier persona puede ser un nagual o chamán. En un sentido, tú ya lo eres. Solo por el hecho de haber nacido bajo una forma humana ya significa que puedes elegir la vida que llevarás. Esto te convierte en un artista, en un creador. El propósito de las enseñanzas toltecas es despertar al poder que hay en nuestro interior.

Los chamanes de la tradición tolteca, los naguales, veían a los animales como poderosos maestros. ¿En qué sentido? Para empezar, hay una verdad esencial que los toltecas comparten con muchas tradiciones indígenas y nativas de todo el mundo: el inmenso respeto por nuestros hermanos no humanos. Vemos a los otros seres como expresiones de la fuerza vital del nagual por derecho propio, como cohabitantes de este planeta, no son mejores ni peores que nosotros, simplemente son distintos. Todos nos parecemos de muchos modos: todos tenemos un cuerpo físico que necesita oxígeno y agua de alguna forma, y todos dependemos del Padre Sol y de la Madre Tierra para recibir el alimento necesario para crecer y sobrevivir.

Sin embargo, los seres humanos, a diferencia de otros animales del planeta, tenemos una mente creativa inigualable, una mente con el poder de inventar narraciones sobre lo que percibe. En realidad, este poder narrador de la mente se da automáticamente sin cesar. Por eso en la tradición tolteca decimos que la mente está soñando constantemente y que nuestra realidad es un Sueño Personal.

La mente soñadora es la gran diferencia entre nosotros y nuestros amigos no humanos, y tiene muchos efectos positivos y negativos. Por ejemplo, un aspecto positivo es todas las cosas que hemos creado. Solo tenemos que mirar a nuestro alrededor para quedarnos maravillados. Las complejas narraciones de nuestra mente nos llevan a percepciones interiores, inventos y una comprensión más profunda de todos los aspectos de la vida. Somos ingenieros, constructores, exploradores y planificadores de una forma única.

Pero muchos de los mismos avances tecnológicos y materiales creados por la mente humana tienen un coste demasiado elevado para nuestros ecosistemas, nuestras amigas no humanas las plantas, y nuestra propia felicidad. Sobre todo cuando nos entregamos a diario a los aspectos más ponzoñosos de la mente: la codicia, los celos, el engaño, la desconexión, las críticas y la crueldad, entre otros. Si bien algunos están muy relacionados con las experiencias de los animales —como el miedo de un animal de presa o la astucia de una polilla camuflada—, la mente humana tiene la capacidad de distorsionar estas emociones en una especie de veneno que dirigimos contra nosotros mismos y los demás. Este veneno es la causa principal del sufrimiento humano.

El chamanismo tolteca se basa en el amor, que es el antídoto contra este veneno. Los animales nos enseñan a amar a cada momento. En algunas ocasiones, es un amor protector como el del oso, y en otras, un amor incondicional y feliz como el de los perros que tengo en casa. Incluso tras la aparente crueldad de los grandes depredadores yace un verdadero amor por uno mismo y el deseo de sobrevivir y progresar. Este amor nos recuerda que debemos ser tan lúcidos y enfocados como el halcón, o proteger nuestras partes más vulnerables como la tortuga. De este modo, los animales nos invitan a llevar el amor a cada parte de nuestro sueño, sobre todo a cualquier aspecto de nuestra vida en el que estemos sufriendo. Después de todo, el amor es el poder que transforma una pesadilla en un sueño maravilloso.

La mente soñadora se vuelve adicta a su propio veneno con facilidad, por eso en mi tradición decimos que la mente humana es adicta al sufrimiento. Y como ocurre con cualquier adicción, aumenta con la repetición, y en mi opinión esta adicción al sufrimiento es quizá el mayor problema de la humanidad. Como es algo tan cercano a nuestro ser, nos puede costar captar el concepto. A algún nivel, la mayoría entendemos que las sustancias adictivas pueden acabar dominando nuestros pensamientos y nuestra conducta. Pero ¿nos hemos vuelto realmente adictos a la desdicha?

Para ver lo que esto significa, piensa en las acciones de los seres humanos. Olvídate de momento de los deseos o motivaciones ocultos. Creamos sufrimiento en nuestra vida de toda clase de formas: nos matamos trabajando para comprar cosas que no necesitamos y nos enojamos o entristecemos si no las conseguimos. Dedicamos tiempo y energía para intentar controlar la conducta de los demás e influir en ella, y después nos negamos a ofrecerles nuestro amor cuando las cosas no nos salen como queríamos.

Pero el mayor sufrimiento que nos infligimos los humanos es al rechazarnos a nosotros mismos. Somos el único animal del planeta que no cree valer lo suficiente. El rinoceronte no se mira el cuerno ni los pliegues de su piel protectora y piensa: ¡Qué horribles! Es un rinoceronte perfecto tal como es. En cambio, los humanos, descubrimos el modo de comparar y juzgar literalmente cualquier aspecto de nuestro ser, desde la cuenta bancaria hasta la forma de la nariz. Consumidos por estos juicios, sentimos un agradable «subidón» de superioridad cuando creemos estar por encima de alguien. Pero, inevitablemente, acabamos encontrando otra comparación que nos baja los humos de golpe y nos hace sentir fatal. Entonces intentamos aliviar nuestro sufrimiento volviendo a estar en lo más alto, inflando el ego o negando nuestra verdad más profunda para sentirnos integrados en la sociedad.

Además del autorrechazo, nos sometemos a nosotros mismos, y sometemos a los demás, a una especie de poderoso control e influencia que los toltecas llaman «domesticación». La mayoría de personas creen que esta palabra tiene que ver con la cría y el adiestramiento de animales para el beneficio humano, como los animales domésticos de granja. Pero los toltecas extraen más sabiduría si cabe del mundo de los animales al relacionar la domesticación animal con la práctica humana común de adiestrarnos y controlarnos a *nosotros mismos, y* de adiestrar y controlar *a los demás,* para actuar de un modo que no está en armonía con nuestra naturaleza esencial o con nuestro intento más profundo. Este proceso empieza en la infancia, cuando adultos bien intencionados nos dicen que «guardemos silencio» o nos explican que aunque nos sintamos muy felices cantando, «nuestra voz deja mucho que desear». Acabamos interiorizando estos acuerdos y se los transmitimos a otros, añadiendo más sufrimiento en el mundo.

La adicción al sufrimiento y la domesticación son juegos en los que nunca ganamos, y además nos atan a un círculo interminable de sufrimiento. Creer que nuestra propia valía y felicidad dependen de cualquiera de nuestros rasgos fortuitos es rechazar nuestra verdad más profunda; es decir, todos somos merecedores de amor. En realidad, somos seres de amor, y a cada momento podemos elegir el amor por encima de los hábitos ponzoñosos de nuestra mente.

La buena noticia es que como somos los creadores de la mayor parte del sufrimiento de nuestra mente, también tenemos los medios para desmantelar esta adicción que nos agota y desconecta. Hay una forma de aprovechar el poder de la mente narradora de relatos para crear algo bello y abandonar su adicción a las situaciones que nos hacen sufrir y que crean sufrimiento a los demás. Es un camino sanador, y los chamanes de mi familia desde siempre hemos recurrido a los animales para mostrar este camino.

Por ejemplo, los animales no incurren en la misma adicción al sufrimiento a la que tiende la mente humana. No establecen los acuerdos que nos distorsionan la realidad. Siempre que los chamanes de mi familia descubren que ellos, o que alguna otra persona, se han quedado atrapados en la pesadilla de la mente narradora de relatos, recurren a los animales en busca de una guía para vivir libremente en el presente. Los chamanes entienden que la vida solo existe en el momento presente, donde está instalado el nagual. La adicción de la mente al sufrimiento nos saca del presente para buscar la paz en el futuro, o nos arrastra al pasado para juzgarnos y castigarnos a nosotros mismos. Creemos que seremos felices solo cuando consigamos esto o alcancemos aquello, o si hubiéramos actuado de otra manera en el pasado. Lo curioso es que el mismo acto de buscar la paz fuera del presente nos impide encontrarla. El único lugar donde la paz realmente existe es en el aquí y el ahora. Los animales viven de esta forma siempre.

Además de gozar de esta presencia esencial, los animales tienen el poder de inspirarnos, guiarnos y fortalecer nuestra conexión con los poderes creativos y revitalizadores. En mi tradición, como ya he señalado, los animales no son mejores ni peores que nosotros. Todos somos iguales, todos formamos parte de la naturaleza. Cualquier creencia histórica, religiosa o cultural que afirme que los humanos estamos separados del resto no está diciendo toda la verdad. Es importante aceptar esta unicidad cuando recurrimos a la sabiduría de los animales.

Cómo usar este libro

Todos los animales nos ofrecen enseñanzas poderosas. Las hormigas nos demuestran el poder de la comunidad. El escarabajo comparte las lecciones del reciclaje y la regeneración, y el león nos ofrece las cualidades del liderazgo protector. Podría llenar muchos libros sobre la sabiduría de los animales como yo la entiendo, pero lo más importante es recordar que en la tradición tolteca te animamos a aplicar tu propio criterio. Algunas tradiciones tienen unas normas en particular sobre cómo emplear las enseñanzas de los animales. Pero en la tradición tolteca no es así. Como nos muestra la historia del jaguar, el poder está dentro de ti. Lo que para ti es significativo sobre ciertas características o poderes de los animales, quizá sea muy distinto de lo que lo es para mí. La sabiduría de los animales es uno de los muchos medios de la paleta artística que puedes usar para crear tu vida. No existe una sola doctrina, y la sabiduría de estas páginas procede de la naturaleza, la ciencia, el arte, la mitología, y de diversas religiones y tradiciones espirituales que son importantes para mí. Te animo a sacar partido de lo que más te atraiga.

Aunque apreciemos la sabiduría tan variada del mundo de los animales, también podemos cultivar relaciones especiales con algunos en concreto que nos atraen. Son nuestros animales de poder, los compañeros sagrados a los que invocamos para que nos ayuden en nuestro viaje sanador personal y único. Las lecciones que nos enseñan y las cualidades que comparten tienen una importancia especial para nosotros y ocupan un lugar sagrado en nuestra tarea de la sanación. Estos animales son nuestros espejos.

¿A qué me refiero por espejos? La mente narradora de relatos entiende las cosas en parte a través de los reflejos y las comparaciones. Esta capacidad puede producirnos mucho sufrimiento, pero cuando entendemos este aspecto de la mente, lo podemos usar como herramienta en nuestro gran beneficio. En cuanto a los animales de poder, significa que investigamos cómo cada una de las características de un animal en particular refleja un aspecto interior de nuestro ser. Las cualidades que vemos en los animales, los sentimientos que nos evocan, tanto positivos como negativos, también están en nuestro interior. Si no fuera así, no podríamos verlos en los animales. Estos seres nos recuerdan lo que queremos cultivar y aquello de lo que queremos desprendernos. Sus rasgos señalan determinadas cualidades en nosotros, o también pueden resaltar alguno de nuestros puntos débiles.

Es más, podemos trabajar con nuestros animales de poder de una forma que va mucho más allá de nuestra visión o percepción superficial y momentánea de las cosas. En realidad, quizá no sepamos por qué ciertos animales son tan importantes para nosotros. Para honrar el aspecto sagrado de la energía espiritual o medicina de los animales no es necesario entenderlo todo con nuestra mente consciente. La medicina de los animales actúa a un nivel más profundo, se revela por medio del conocimiento corporal, la sincronicidad, la conexión y las profundas capacidades imaginativas.

Podemos sentir una afinidad en nuestro cuerpo al notar la deliciosa suavidad de una perra feliz recibiéndonos cuando llegamos a casa, inspirados por el amor incondicional que nos ofrece. El sueño de estar volando quizá nos haga sentir una libertad inconmensurable o asustarnos. Podemos notar como una punzada o un hormigueo sin saber de dónde nos viene, la «picadura» de un insecto invisible que nos hace volver al momento presente. Durante una transición difícil, quizá sintamos que somos como una oruga que construye su capullo y después se disuelve en una sustancia viscosa y cambia de identidad para emerger bajo una nueva forma alada. Estas son las reflexiones profundas sobre la sabiduría de los animales que nos permiten abrir nuestro cuerpo y nuestra mente energéticos, y aumentar nuestra comprensión de los distintos pasajes y caminos de nuestra vida. El camino de los animales de poder nos lleva a nuestro propio poder personal que respeta a todos los animales como guías espirituales sagrados.

Como los animales son nuestros espejos, también pueden ser nuestros sanadores. Cuando nos sanamos a nosotros mismos y sanamos a nuestro Sueño Personal con la sabiduría de los animales, contribuimos a sanar los sistemas dañados que parecen estar muy lejos de nuestra influencia directa personal. En realidad, el mundo de los animales nos necesita para sanar al planeta de la negatividad, el dolor y la destrucción que la mente humana ha provocado en el Sueño del Planeta.

Este libro te ofrece al principio algunas enseñanzas básicas sobre cómo trabajar con los animales de poder. Los animales nos dan inspiración, nos ofrecen símbolos potentes para diversas épocas de nuestra vida, potencian nuestras cualidades y nos ayudan a entender nuestras carencias. Los animales de poder nos guían a la hora de tomar decisiones y nos ayudan a descubrir el significado de ciertas experiencias. En la tradición tolteca reconocemos que los distintos animales reflejan distintas etapas de la vida. Algunos animales maestros van y vienen, y otros se quedan con nosotros y actúan como guías espirituales a lo largo de toda nuestra vida. No te preocupes por si trabajas con los animales «correctos» o con la medicina de los animales «adecuadamente».

Espero que este libro sea un compañero en tu viaje que te proporcione una sabiduría a la que puedas recurrir una y otra vez. Por esta razón, la segunda parte contiene información sobre una serie de animales en particular. Algunas entradas incluyen algunos relatos mitológicos, religiosos o culturales reunidos a lo largo de generaciones de observación de los animales. Describen los dones que estos seres han ofrecido a nuestros ancestros y que continúan siendo importantes en la actualidad. Como señalo en la primera parte, cada animal pertenece a un determinado cuadrante en la rueda medicinal y a un determinado elemento del mundo natural. Muchas entradas incluyen hechos científicos y referencias culturales actuales, porque el chamanismo tolteca posee una comprensión evolucionista de la era en que vivimos, y valora todos los medios disponibles para la sanación y el proceso creativo. En muchos sentidos, el mundo viviente ocupa un lugar importante en nuestra vida como chamanes, y los animales de poder nos ayudan en nuestro importante viaje hacia la sanación personal y la armonización con el nagual.

Espero que estas páginas te permitan acceder al extraordinario poder de los animales. Vuela y ruge, excava galerías subterráneas y bucea a gran profundidad en el océano. Construye y teje, protege y restablece, percibe en todo momento el mundo viviente de nuevas formas y ábrete a visiones nuevas. Lleva en tus alforjas las enseñanzas de nuestros hermanos con escamas, piel y plumas en tu viaje de autosanación y plenitud. Espero que estas lecciones te ayuden a liberarte de la adicción de la mente humana al sufrimiento y a reivindicar tu derecho como artista de tu propia vida.

Todo cuanto puebla el planeta —todo, desde las amebas hasta las montañas— es también creador de realidad. Ninguna persona, ningún animal ni ninguna faceta de la naturaleza es mejor o peor, ningún artista es superior o inferior a otro. Cada uno de nosotros tiene un Sueño Personal, una narración que nos contamos, y juntos creamos una narración colectiva, el Sueño del Planeta. Significa que todos estamos cocreando la realidad de la vida en el planeta y en el universo como un todo. La propia conciencia es la energía narradora de relatos que hace murmullar al universo.

PRIMERA PARTE

HERRAMIENTAS ESENCIALES PARA TRABAJAR CON ANIMALES DE PODER

Estamos rodeados de seres vivos por doquier: animales con alas y escamas, con piel y plumas. Me refiero a todos los que nos podemos imaginar. Animales salvajes estremecedores que nos cautivan y nos ponen los pelos de punta. Animales acuáticos, desde los peces minúsculos de los riachuelos poco profundos hasta las extrañas criaturas que habitan en las profundidades insondables de los océanos. Seres alados y pájaros con cuerpos y formas que nos recuerdan lo eterno y lo que tiene que ver con la creación del mundo. En muchos sentidos, los animales siguen siendo unos desconocidos para nosotros. No podemos ver el mundo a través de sus ojos ni saber cómo es vivir en un cuerpo tan distinto al nuestro. Y, sin embargo, siguen siendo nuestros compañeros en cualquier aspecto. Compartimos con ellos el planeta y todos tenemos a la Tierra como madre. Nuestro cuerpo se podría considerar un organismo formado en parte por millones de distintos animales microscópicos convivientes. Somos una especie de continente en sí mismo: un bioma ambulante.

Los animales, además de su poderosa presencia física en nuestra vida, ocupan un lugar sagrado en nuestra psique. Si decidimos ignorar las cualidades de los animales o interactuar apenas con su sabiduría, nos estaremos perdiendo una parte esencial del ser humano. Pero en cuanto nos abrimos a la idea de aprender de los animales, las posibilidades son infinitas. Veamos algunas de las formas en que puedes trabajar con la sabiduría de los animales y conectar con el mundo natural, para embarcarte en el camino de aumentar tu poder y tu conexión con el nagual.

La sabiduría de los animales nos guía en cada etapa de la vida y podemos invocarla para que nos ayude al iniciar un nuevo viaje, afrontar un reto o tomar decisiones pequeñas o importantes. Los animales nos ayudan a celebrar y expresar nuestro gratitud por el mundo natural. La medicina de los animales nos permite liberar los poderes de la sincronicidad y la imaginación para gozar en nuestra vida de claridad y alegría, y desprendernos del sufrimiento creado por nuestra mente narradora de relatos. Es una de las formas en que los animales nos sanan, pues activan la profunda sabiduría interior innata silenciada por las fuerzas de la domesticación y la adicción de la mente al sufrimiento. También veremos de qué modo los rituales y los objetos físicos, como la bolsa medicinal y el altar personal, hacen que la sabiduría de los animales sea más concreta y utilizable.

Estos aspectos que exploraremos se pueden extrapolar a cualquiera de los animales que aparecen en el libro, y a cualquier otro con el que establezcas una conexión en el mundo exterior o en tu paisaje imaginativo interior. Al final de esta parte encontrarás tres ejercicios para empezar a trabajar con los animales de poder y tener la actitud ideal para aprender de estos hermanos sagrados y madurar con su sabiduría.

La rueda medicinal

Uno de los símbolos más conocidos del chamanismo es la rueda medicinal, un círculo sin principio ni fin. Para los indígenas de América del

Norte y de Sudamérica, este símbolo antiguo forma parte de la vida espiritual. Contiene los cuatro puntos cardinales: norte, sur, este y oeste, y cada uno se asocia tradicionalmente con un elemento, un color y una estación, así como con una etapa del ciclo de la vida y un aspecto del yo. La rueda medicinal es un objeto físico representado en una creación artística simbólica, y se coloca en puntos clave de los lugares sagrados, unos espacios de encuentro donde se realizan ceremonias y ritos. La rueda medicinal es también una idea, una poderosa metáfora que nos guía y nos da equilibrio en la vida.

En la tradición tolteca la vida se creó por medio de los cuatro elementos: el fuego (*huehueteotl*), el agua (*tlaloc*), el aire (*ehecatl*) y la tierra (*tlalnantzin*). Cada elemento trabaja con los otros y cada uno está representado en nuestro cuerpo físico: desde el calor generado en la sangre y el agua que nos da vida y refresca, hasta el aire que respiramos y la tierra de la que se componen la piel y los huesos.

La tabla de la página siguiente muestra la utilidad de la rueda medicinal. Nos permite verlo todo en perspectiva en los momentos de crisis y nos guía a la hora de dar el siguiente paso. La rueda señala la transitoriedad cíclica de todo y también la espiral eterna de la evolución y el desarrollo. Simboliza los cuatro elementos y tiene que ver con la sanadora más poderosa del universo: la Tierra y su divina energía maternal. Cuando enfermemos, nos lesionemos o suframos mentalmente, recurrir a la rueda medicinal nos ayudará a sanar.

DIRECCIÓN	Norte	Este	Sur	Oeste
ELEMENTO	Aire	Fuego	Agua	Tierra
COLOR	Blanco	Rojo	Amarillo	Negro
ESTACIÓN	Invierno	Primavera	Verano	Otoño
ETAPA VITAL	Anciano / Maestro de maestros	Niño / Participante	Adolescente / Estudiante	Adulto / Maestro
ASPECTO DEL YO	Mente	Espíritu	Emoción	Cuerpo

Los animales también tienen su lugar en la rueda medicinal y están relacionados con uno o dos elementos dominantes, o con una estación o etapa de la vida. En la siguiente sección de este libro encontrarás estas conexiones mientras lees la información sobre cada animal y descubres qué es lo que tiene más sentido para ti. A medida que vayas entendiendo con más profundidad la rueda medicinal y el lugar que ocupan los distintos animales en ella, empezarás a hacer nuevos descubrimientos sobre el mundo de los animales y a aprender más cosas de él. Cada cuadrante tiene sus puntos fuertes y sus puntos débiles, y estos tienen que ver con aquello que los animales tengan para enseñarte.

Sigue tu intuición y deja volar la imaginación. Es fácil ver que la mayoría de aves y de insectos voladores pertenecen al elemento aire, mientras que los animales con dos o cuatro patas forman parte del elemento tierra, y los peces y los otros seres acuáticos pertenecen al elemento agua.

Muchas culturas asocian los reptiles con el fuego porque estos animales viven en ambientes calurosos y desérticos, y dependen del calor del sol para calentarse la sangre del cuerpo. Algunas conexiones tal vez sean menos evidentes o comunes que otras, pero tendrán mucho sentido para ti. No olvides que estas relaciones y correspondencias son *medios didácticos:* están concebidas para ayudarte en tu viaje al motivarte a plantearte ciertas preguntas sobre tus cualidades, defectos, acuerdos, apegos y puntos de sanación. No deben interpretarse literalmente, ni tampoco son fijas. Sigue tu instinto. Esta clase de libros y enseñanzas son guías importantes, pero aprenderás más aún al complementarlos con tu intuición.

Veamos ahora cada cuadrante de la rueda medicinal y los animales que encontrarás en ella.

Aire (ehecatl)

El aire se asocia con los pensamientos y la mente. El intelecto, la comunicación, el lenguaje, el razonamiento y la filosofía pertenecen a este cuadrante de la rueda medicinal, donde los vientos fuertes y puros del invierno soplan por los entornos inhóspitos dominados por grandes extensiones de tierra helada. El color de este cuadrante es el blanco, el color de la nieve y de una hoja de papel en blanco. El aire trae claridad, igual que un fuerte viento se lleva las telarañas y los escombros.

El aire es el reino de las aves, como las grandes rapaces que vuelan a gran altura por un cielo despejado en un día luminoso, y que otean el suelo desde lo alto. Los halcones y las águilas son conocidas por su aguda vista y su increíble destreza cazando. Detectan al gorrión más pequeño que busca comida en el suelo. Bandadas de pájaros vuelan y dibujan patrones complejos.

Aparte de las aves, el murciélago encarna las cualidades elementales del aire. El murciélago es otro ser alado cuyo don único de la claridad procede de la ecolocalización, una facultad que le permite «ver» en la oscuridad. Conozco personalmente lo poderosas que son las enseñanzas del murciélago. En un momento de mi niñez en el que me quedé ciego temporalmente por un problema de salud, el murciélago se convirtió en uno de mis animales de poder, y me enseñó no solo a «ver» con mis otros sentidos, sino además a ser fuerte e ingenioso en los momentos oscuros. Me enseñó a moverme por una época difícil de mi vida tanto en el sentido literal como emocional.

Piensa por un instante en el elemento aire. Puede tomar la forma de una suave brisa o de un poderoso tornado o huracán. Piensa también en lo que ocurriría si no hubiera aire en la atmósfera. Si hicieras una pausa después de espirar, notarías que tu cuerpo desea inspirar más aire de nuevo. El aire es vital para la vida. Los animales aéreos, incluso los delicados y efímeros como las mariposas, nos enseñan lecciones poderosas.

Fuego (huehueteotl)

El fuego es el elemento del espíritu, un aspecto de nuestro ser que no solemos entender. Esta parte de la rueda medicinal está relacionada con el color rojo —el color de la energía y la creatividad—, y con el sol revitalizador que sale por el este y que trae una vida nueva en primavera al calentar la tierra otra vez. El fuego también simboliza la infancia, los nuevos comienzos y las nuevas identidades o aspectos personales.

El fuego es un catalizador energético en el mundo natural. Las gigantescas secuoyas, por ejemplo, no pueden liberar sus semillas sin el poderoso calor generado por los incendios forestales. La medicina tradicional sabe que el poder destructor del fuego está muy ligado al nuevo crecimiento y las posibilidades nuevas. Los animales de fuego nos inspiran un gran respeto. Cuando los entendemos, ya no nos dan miedo y podemos trabajar con sus poderes únicos. Piensa por ejemplo en las serpientes, a menudo temidas y poco apreciadas, ya que en realidad están muy relacionados con la sanación personal, la transformación y el poder sexual.

El fuego también ocupa un lugar importante en los rituales y las ceremonias, desde las velas que encendemos como recuerdo, hasta la energía que limpiamos de un lugar o cuando nos desprendemos de lo que ya no necesitamos. El fuego también se puede considerar la llama eterna que arde en nuestro interior, la expresión de la fuerza vital. Podemos decidir cómo cuidamos esta llama y la compartimos con el mundo. Los animales de fuego, como los lagartos o la mítica ave fénix, nos ayudan a tenerlo presente.

Agua (tlaloc)

El agua es el elemento de las emociones, el fluir y la adaptabilidad. La sanación, los cambios y el movimiento pertenecen a este cuadrante de la rueda medicinal relacionado con el color amarillo. El agua es vida, circula en un movimiento cíclico por el planeta sin cesar, cae de las nubes con la lluvia y brota de los manantiales subterráneos. El agua se mantiene limpia y oxigenada cuando circula. Pero cuando no puede discurrir, se estanca y se llena de impurezas. El agua es esencial para la vida, pero en los veranos calurosos y secos se vuelve un regalo más preciado aún.

Los océanos inmensos que se extienden por el planeta son el hogar de miles y miles de especies de peces, de mamíferos como las ballenas y los delfines, y de crustáceos, medusas y otros seres vivos. Pese a los miles de años que llevamos viviendo en este planeta, apenas hemos explorado los confines de los océanos y siempre se están descubriendo especies marinas nuevas. Lo mismo ocurre con nuestro yo interior y nuestra vida emocional. Tenemos dentro un mar de potencial inexplorado, de sueños, escenarios imaginados y relatos. Al ver a los animales que viven en el agua como nuestros compañeros, aprendemos a bucear en las profundidades de nuestro potencial.

Otro aspecto importante del agua es que representa la juventud o la adolescencia: una época de cambios, adaptación, crecimiento exponencial, nuevos aprendizajes, relaciones sociales, espíritu aventurero y juegos. Los animales acuáticos nos proporcionan inspiración para conectar de nuevo con estas cualidades de nuestro interior dondequiera que nos encontremos en el viaje de nuestra vida.

Tierra (tlalnantzin)

Cuando el sol se pone a diario se dispone a descansar en el manto terrestre. Este cuadrante de la rueda medicinal representa la adultez, una época en que tenemos los conocimientos y la experiencia necesarios para ser maestros (aunque nunca dejemos de aprender). Esta parte de la rueda medicinal nos da abundancia en forma de cosechas otoñales, y nos recuerda que debemos llenar la despensa y protegernos tanto a nosotros mismos como a nuestra familia de los meses invernales que nos esperan. El color negro de este cuadrante sugiere un cielo nocturno estrellado y también el gran alimento que nos ofrece la tierra bajo nuestros pies. También nos recuerda la muerte y la vida en el más allá, ya que el cuerpo regresa al morir a la tierra, su hogar.

Los animales cuadrúpedos, como los bisontes, los ciervos y los elefantes, están relacionados con la tierra, al igual que los excavadores que almacenan alimentos. La sabiduría de estos animales nos recuerda que la más pequeña y sincera de las acciones produce grandes efectos con el paso del tiempo. Y que, además, formamos parte de la tierra, ya que nuestro cuerpo se compone de minerales que se encuentran en las rocas y en la tierra. Cuando advertimos la sabiduría especial de esta parte de la rueda medicinal, nos resulta imposible sentirnos separados de la tierra. Al tenerlo en cuenta, nos comprometemos a participar en la cocreación del Sueño del Planeta. Estos animales nos recuerdan que no estamos solos. Todos somos hermanos, hijos de la Madre Tierra.

Tus animales de poder

A lo largo de tu vida quizá desees trabajar con algunos animales en especial que consideras tus animales de poder personales. Estos compañeros especiales son importantes para ti y te acompañan en tu viaje. Puedes recurrir a ellos una y otra vez para que te inspiren y guíen. Mis animales de poder son el murciélago, la serpiente de cascabel y el jaguar.

Ya he hablado de mi conexión con los murciélagos. Me ayudaron a entender una nueva forma de ver las cosas en un momento de mi vida en el que había perdido la visión temporalmente por una enfermedad. Ahora la medicina (o energía espiritual) del murciélago me recuerda que cuando me siento perdido o no veo algo con claridad, puedo prescindir de mi mente y guiarme por mi corazón y mi intuición. Los murciélagos me han enseñado a regresar a mi hogar guiado por mi sabiduría interior cuando estoy cegado por cualquier destello del exterior que me distrae o tienta.

También tengo una conexión con las serpientes de cascabel. Cuando son jóvenes, las serpientes de cascabel no saben controlar su veneno, y en una etapa de mi vida yo fui como ellas en lo que respecta a mi veneno emocional. Cuando me sentía mal, «mordía» a cualquiera que tuviera cerca, fueran cuales fueran sus intenciones, y soltaba de golpe toda mi ponzoña. Pero con el tiempo maduré, como hacen las serpientes de cascabel, fui consciente de mi veneno y aprendí a controlarlo.

Mi tercer animal espiritual es el jaguar. El jaguar caza acechando a sus presas y personifica la acción en el momento preciso. El jaguar no solo tiene un propósito firme, sino también fuerza y poderío. Recurro al espíritu del jaguar cuando necesito avanzar, cuando mis miedos y dudas me bloquean y me mantienen atrapado en la pasividad. Al invocar a este animal tan potente, estoy recordándome a mí mismo que mi propósito también es poderoso y que, si llevo a cabo las acciones requeridas, puedo alcanzar mis deseos, mis sueños y mis objetivos.

Cualquier persona puede establecer esta relación especial con un animal de poder. Quizá uno (o dos o tres) ya sea una parte importante de tu vida, o se te aparezca a menudo en sueños o en la vida cotidiana. Hay quienes desde pequeños ya se sienten atraídos por un animal en concreto o reciben habitualmente regalos relacionados con él. Son los signos de haber elegido un animal espiritual sin ser consciente de ello. Pero no te sientas obligado a elegir uno que los demás asocian contigo. Deja que sea un animal en concreto, o una cualidad que te guste cultivar, el que te atraiga, al margen de lo que piensen los demás. Este es tu propio viaje.

Al final del capítulo encontrarás un ejercicio para elegir tus animales de poder.

El altar personal y la bolsa medicinal

El altar personal y la bolsa medicinal son herramientas antiguas usadas por los chamanes para materializar sus intenciones en el mundo físico. Un altar puede adquirir muchas formas, pero básicamente es un espacio dedicado a albergar objetos e imágenes especiales que nos guían en nuestro viaje. Estén al aire libre o en el interior de una casa, ya sean diminutos o enormes, los altares nos despiertan todos los sentidos gracias a los colores, las texturas y los aromas de las partes que los componen, y también pueden incorporar los elementos agua, aire, tierra y fuego. Los animales de poder tienen un lugar en ellos en forma de imágenes o dibujos, conchas marinas, plumas, pelos o huesos.

Las bolsas medicinales también nos sirven de ancla física para la concentración espiritual. Suelen ser pequeñas bolsas de cuero confeccionadas artesanalmente, y las llevan consigo las personas que desean un despertar espiritual. Pueden contener plegarias, ramas, huesos, piedras, plumas o conchas marinas. O un objeto que simbolice una visión, un elemento de la naturaleza de un lugar que es importante para nosotros, o el talismán de un animal de poder. Contengan lo que contengan, las bolsas medicinales son representaciones físicas que guían a sus portadores en su viaje interior.

Puedes añadir, si lo deseas, animales de poder a tu altar o a tu bolsa medicinal, o incorporar la sabiduría de los animales en cualquier nuevo espacio que crees. Una de las formas más poderosas de trabajar con animales es por medio de rituales vinculados con estos objetos.

Herramientas esenciales para trabajar con animales de poder

La mayor parte de este libro trata sobre los animales de poder, que cito de uno en uno. Espero que la selección te guste, pero es más importante aún que sea solo el principio de tu experiencia con la sabiduría de los animales. Por esta razón, te explicaré cómo trabajar con los animales de poder. Me gustaría volver a enfatizar que se trata de tu viaje personal. La medicina (o energía espiritual) de los animales sirve para que cada chamán la practique con una intención creativa, ya que cada uno seguimos nuestra profunda verdad interior y no la autoridad o la tradición de otros en su propio beneficio. Puedes elegir cómo trabajar con estos animales de la forma que sea más adecuada para tu viaje hacia la comprensión y para vivir en la verdadera naturaleza del universo. Podrás crear tu maravilloso Sueño Personal y vivirlo, sanándote y sintiendo el amor incondicional que siempre se encuentra a nuestro alrededor, tanto si nuestra mente ajetreada nos deja verlo o no.

Con este fin, te presento algunas de las poderosas herramientas con las que puedes trabajar con animales para iniciar tu viaje o incorporarlas a los ejercicios que ya realices.

Animales protectores y guías

Una forma de trabajar con los animales de este libro, o con otros que aparezcan en tu vida, es invocar sus cualidades especiales en un determinado momento o en alguna experiencia que estés viviendo. Un ejemplo muy sencillo sería el de una amiga mía que metió en el bolso de su hija un osito pequeño de peluche el primer día que fue a la guardería. La niña sintió que tenía la valentía del oso que llevaba consigo al emprender su nueva aventura en la guardería. Podemos invocar a un animal para que nos proteja y guíe en un viaje o una tarea difíciles, y nos permita tener una vista tan potente como la del águila o un talante tan juguetón como el de la nutria.

Es importante señalar que debemos tener cuidado con los relatos sobre la conducta de los animales creados con el fin de manipular a otras personas. Es parte de la domesticación. Como las historias de animales a veces evocan supersticiones y miedos, aunque sintamos un gran respeto por las enseñanzas del mundo animal podemos, al mismo tiempo, investigar ciertas creencias o historias sobre ellos, preguntándonos: *¿Me conviene?* Los animales que reconfortan a una persona pueden inspirarle una superstición absurda a otra. Debemos tenerlo en cuenta y plantearnos la pregunta.

Estar presente en la realidad del momento

Algo que me encanta de mis cuatro perros, pese a los retos que pueda vivir en mi Sueño Personal, es, cuando llego a casa, ver lo contentos que siempre se ponen al verme. Comparten conmigo su amor, ocurra lo que ocurra. Cada vez que experimento ese amor, me acuerdo de lo distintos que somos los seres humanos del resto del mundo animal.

Como ya he señalado antes, los humanos tenemos una mente que sueña constantemente. Y en el caso de muchas personas que viven su vida sin ser conscientes de ello, la mente rebosa de remordimientos por el pasado, de temores por el futuro, o de juicios negativos sobre el presente. Pero los animales, al contrario de los humanos, solo viven en el presente. No se cuentan relatos sobre no ser lo suficientemente buenos, ni se preocupan por si nunca encontrarán el amor verdadero. Y aunque afronten retos y experimenten una variedad de emociones, no se crean problemas a sí mismos con una mente soñadora. Mantienen una relación más cercana con la realidad del momento presente que la mayoría de seres humanos. Trabajar con cualquier animal puede ayudarnos a renovar esta conexión con la realidad.

Sintoniza con el mundo natural

Cuando pensamos en la sabiduría de los animales, podemos inspirarnos en imágenes icónicas de animales salvajes como el lince, el coyote, el águila o el oso. Pero incluso ver e interactuar a diario con animales del lugar donde vivimos y con mascotas es una fuente de innumerables descubrimientos interiores. Observar animales o imaginar observar nuestro mundo como lo haría un animal, nos suscita el recordatorio muy poderoso de que debemos vivir el momento presente. Es una de las razones por la que los animales figuran tanto en los relatos chamánicos. El énfasis en las cualidades de los animales en las narraciones nos revela la importancia de sus atributos únicos. Lo que nos permite explorar el potencial de adoptar estas cualidades para crear nuestro propio sueño.

Ver a una araña tejer una telaraña en la esquina de un alféizar, observar a una ardilla enterrar diligentemente comida en el parque, o escuchar los cantos de los pájaros en la zona donde vivimos, son formas de sintonizar con el mundo natural, algo que siempre tiene lugar en el presente. La idea de sincronicidad también nos ayuda a recibir estas enseñanzas. Cuando nos abrimos al mundo natural, empezamos a advertir ciertos patrones o coincidencias al observar a los animales que pueden proporcionarnos nuevas herramientas. Ver, por ejemplo, a un zorro en una película de dibujos animados, nos recuerda que podemos inspirarnos en la astucia zorruna cuando lo necesitemos.

Las historias de animales y las que tienen que ver con sus conductas y cualidades también son inspiradoras. Tanto si las recreamos cuando estamos despiertos o si soñamos con ellas, los misterios de los animales estimulan la imaginación humana. Nuestra imaginación es uno de los dones más poderosos para sanar y manifestar lo que nuestro corazón desea. Los animales nos hacen entrar en sintonía con nuestros poderes imaginativos.

Y, además, los animales nos hacen sentir agradecidos por el mundo natural y por el lugar que ocupamos en él. Quizá ya tengas una forma de expresar tu gratitud por lo que te dan los animales que te sirven de sustento, o por la ropa que llevas confeccionada con su piel o su pelo (aunque negarse a beneficiarse de ambas cosas es también una decisión motivada por la gratitud y el respeto). Además, podemos sentirnos agradecidos por la multitud de cualidades físicas y espirituales del mundo de los animales, y por recordarnos que nosotros también formamos parte de la naturaleza, lo cual es innegable.

Los animales de poder en los rituales

Los rituales nos ayudan en nuestro viaje de despertar del sueño individual y del Sueño colectivo del Planeta, para sanar con más facilidad y superar nuestra adicción al sufrimiento.

Al hablar de los rituales no me estoy refiriendo a las prácticas religiosas, aunque si forman parte de tu viaje chamánico también es maravilloso. Me refiero a emplear los rituales para manifestar nuestros deseos en el mundo físico. Lo podemos llevar a cabo de muchas distintas maneras, pero descubrirás cuál es la que a ti más te funciona. Ya sea la oración, la danza, sentarte en silenciosa contemplación o realizar ceremonias sagradas ante un altar o con tu bolsa medicinal, los rituales son una forma de impulsar tu práctica, dondequiera que te encuentres en tu viaje. Plantéate incluir la sabiduría de los animales en tus rituales y dejar que su poderosa energía te ayude en tu camino.

De igual modo, hay muchos ejemplos sobre trabajar con animales de formas concretas. A veces, podemos apegarnos a una idea o al «significado» singular de un animal. Nos ocurre a menudo debido a nuestra domesticación o nuestra necesidad de certeza. El león es el «rey de la selva», los elefantes «nunca olvidan». Para rebatir estas ideas te animo a trabajar con animales en un ritual de maneras concretas. Por ejemplo, si sueñas con una ballena, resístete a interpretar lo que significa. En su lugar, busca un grabado diminuto de una ballena y llévalo contigo a todas partes. Y mantente lleno de curiosidad y abierto a lo que sucede. También puedes poner la fotografía de una cola de ballena en tu altar y meditar visualizando esta imagen en tu mente. Descarta cualquier idea preconcebida sobre el mensaje o el significado que una ballena tiene para ti. Al trabajar de este modo, surgirá en tu vida una sabiduría más profunda de los animales de formas muy inesperadas.

Familias de animales

La lista de animales de este libro no es exhaustiva ni completa. Espero que te sientas inspirado a añadir los que tú desees. Por eso en cada entrada he incluido otros animales relacionados. Te animo a explorar cualquier variación de los animales estrechamente relacionados y a descubrir con cuál te identificas más. Por ejemplo, el león, el tigre y el jaguar reflejan muchas de las mismas cualidades. Simplemente han adoptado distintas formas físicas, dependiendo del hábitat donde viven. Aunque haya algunas diferencias fisiológicas y conductuales entre ellos, la energía espiritual —la medicina— de cada uno de estos magníficos seres es en gran medida la misma. Con frecuencia, estas variaciones pertenecen a distintas partes de la rueda medicinal o mantienen relaciones únicas con los elementos que representan. Por ejemplo, la nutria de los ríos puede ayudarte a ver el elemento emocional del agua como una red conectada, siempre fluyendo entre la gente y los lugares. O quizá te atraiga más la nutria marina que juguetea y progresa en el paisaje emocional del océano inmenso y misterioso. Tal vez elijas una en vez de la otra, dependiendo del lugar dónde vivas, o invoques la energía de una para que te ayude en tu preferencia personal.

En la segunda parte, he enumerado en «animales relacionados» algunos animales similares al comentado en cada entrada. Aunque no comento las cualidades específicas de los mismos, comparten cualidades parecidas a los de cada entrada. Y en «ver también» he incluido los animales de la lista que desees repasar.

En algunos casos quizá descubras que los animales de «animales relacionados» o de «ver también» no guardan una relación científica entre ellos. Puede que esto te confunda momentáneamente, pero aunque al principio no parezcan estar relacionados, lo están por su conexión mitológica, energética o espiritual. Como en el caso, por ejemplo, de las figuras embaucadoras que aparecen en culturas diversas del mundo entero: el cuervo, el zorro, el conejo, el coyote y la araña. Otros animales comparten una energía —una característica o un rasgo distintivo— que los relaciona, aunque no se parezcan a primera vista. Si un animal de «animales relacionados» te choca al no entender por qué se ha incluido en este grupo, descubrirás que reflexionar sobre ello y escuchar cualquier pista intuitiva de por qué está relacionado es un poderoso ejercicio. Tal vez descubras que estableces asociaciones totalmente nuevas entre animales que no se te habían ocurrido antes. Lo cual te permitirá trabajar más a fondo con estos seres complejos y fascinantes.

Ejercicios de animales de poder

Los siguientes ejercicios te permiten aumentar tu conexión con la diversidad de la vida animal y la riqueza de enseñanzas que nos ofrece. Mientras lees los ejercicios, observa si alguno te atrae más que otro, los que más te gusten son los mejores para empezar. ¡Confía siempre en tu intuición!

Observa el mundo de los animales

Dedicar un tiempo a observar a los animales es un gran regalo y nos enseña muchas cosas. Puedes observarlos en cualquier momento. Tanto a aquellos con los que entras en contacto físico, como a los que puedes ver en las inmensas bibliotecas de imágenes de internet, en las que figuran animales del mundo entero. Podría ser un insecto que se posa en tu brazo, una paloma en la acera, o una familia de suricatas del zoológico. Cualquier animal tiene algo que enseñarnos si estamos dispuestos a aprender. En cualquier caso, si te dedicas a observarlos, ten tu diario a mano para anotar cualquier momento en el que experimentes un efecto en particular, ya sea de orden físico, emocional o espiritual.

Busca un lugar y ponte cómodo en él. Abandona cualquier miedo o ansiedad del pasado. Deja que tu mente se suma en un estado receptivo y atento. Respira hondo. Si estás al aire libre, puedes permanecer un rato con los ojos cerrados. Imagínate que eres un árbol, una roca o cualquier otro elemento del paisaje. Te ayudará a enviarles a los animales del entorno el mensaje energético de ser solo un observador amistoso y no una amenaza.

Mientras observas a un animal, ten presente si se te ocurre alguna asociación conocida relacionada con él. Podría ser un relato mitológico, religioso o cultural creado a lo largo del tiempo por observadores de animales que te indique algo sobre las cualidades que tus antepasados han visto en este animal y que siguen siendo importantes en la actualidad.

Plantéate cómo estas cualidades pueden ayudarte en tu vida personal, o si no te sirven. ¿Cómo podrían tu yo interior, tu viaje personal sanador y tu comunidad beneficiarse de los movimientos rápidos como una flecha de una serpiente, del canto ininterrumpido de una cigarra, o de la hibernación reparadora de un erizo o un oso?

Cuando observes a un animal fíjate sobre todo en la presencia del animal, pero no dejes que la mente soñadora ni su adicción al sufrimiento la contaminen.

Cuando hayas pasado un tiempo observando a un animal y reflexionando sobre los dones que te ofrece, puedes ir más lejos e imaginar que te encarnas en él y lo ves todo con sus ojos. ¿Cómo se ve el mundo desde su perspectiva? Observa la viveza de cada momento de la situación presente sin dejarte atrapar ni por el pasado ni por el futuro. Métete en la mente del animal que estás observando. Aunque la idea de entrar con tu mente en la de otro ser te parezca rara, en el chamanismo tolteca no creemos que la conciencia se limite a la mente o al cuerpo. Es decir, no se encuentra en el cerebro. Por eso los chamanes pueden «contactar» con la conciencia y comunicarse con el mundo viviente de una manera más profunda para ver a través de los ojos de sus hermanos y hermanas los animales, y también de las plantas, los ríos, las montañas y el planeta.

Cuando hayas acabado de observar a un animal, dale brevemente las «gracias» por las lecciones que te ha ofrecido y por el tiempo que ha pasado contigo en este día. Si lo deseas, puedes dejarle a modo de agradecimiento una pequeña ofrenda de semillas o de cualquier otra clase de comida. Resérvate un rato para escribir tus observaciones y notas en tu diario.

Elige a tus animales de poder

Los animales de poder personales que elijas quizá no sean los mismos para siempre. Las cosas pueden cambiar. Aunque dedicar tiempo y atención al proceso de elegir tres animales especiales para ti te revelará muchas cosas sobre quién eres ahora y hasta qué punto son una parte importante en tu viaje de sanación y presencia.

Para empezar esta práctica, busca un lugar tranquilo y medita en silencio al menos durante cinco minutos, aunque puedes alargar la sesión si te apetece. Deja que tu mente se desprenda de cualquier pensamiento agitado y concéntrate en la respiración. Siente tu conexión con cada uno de los cuatro elementos. Percibe tu cuerpo en contacto con el suelo y siente la energía que asciende de la tierra hacia ti. Sintoniza con cualquier calidez que sientas en el cuerpo y ponte una mano en el pecho para notar los latidos de tu corazón. Percibe las sensaciones que te produce tu respiración, ponte la otra mano en el estómago y advierte cómo sube y baja. Fíjate en tu piel y en el aire que entra en contacto con ella. Imagina, por último, que eres un recipiente y que una lluvia imaginaria te llena por completo, hidratando y revitalizando cada célula de tu cuerpo.

Cuando te sientas sereno y relajado, lee la siguiente oración en voz alta:

Animales espirituales, aliados y guías,
amigos de plumas, pelos y garras,
os abro mi corazón y busco vuestra sabiduría.
Maestros del mundo viviente,
os doy la bienvenida.

Cuando la hayas recitado, anota los nombres de los animales que te vengan a la mente. Hazlo de inmediato, sin limitar ni corregir tus pensamientos, puede que se te ocurran algunos que no te imaginabas. Repasa después tu lista y escribe las cualidades que cada animal representa para ti. Aquí tienes algunos ejemplos con los que empezar:

Águila: Poderosa/Fuerte, Valiente, Autoritaria/Resuelta

Ardilla: Curiosa/Resuelta, Preparada, Conectada a la tierra

Ballena: Contemplativa/Pacífica, Emocional, Comunicativa

Caballo: Libre/Equilibrado/Veloz, Cooperador, Orgulloso/Noble

Conejo: Listo, Fértil, Discreto

Dragón de Komodo: Primitivo, Imaginativo, Ancestral

Elefante: Bondadoso/Empático, Familiar, Digno/Noble

Gato: Independiente, Curioso, Misterioso

Lombriz: Humilde, Práctica, Persistente

Mariposa: Sustentadora, Transformadora, Inspiradora

Serpiente de cascabel: Respetada, Comedida, Reservada

Tiburón: Enérgico, Determinado, Explorador

Tortuga: Sabia, Preparada, Paciente/Confiada

Recuerda: las cualidades de la lista son lo que estos animales representan para mí, pero lo que es importante es lo que representan para ti. El camino de los chamanes consiste en seguir su propia verdad, y la tuya tal vez sea distinta de la mía.

Cuando hayas escrito la lista, reflexiona sobre cada animal y sus atributos, y elige tres que tengan las cualidades que desees cultivar en ti.

En cuanto los hayas elegido, concluye la ceremonia dando las gracias a los animales por haberse presentado ante ti de esta manera. Durante los días siguientes, busca un símbolo que represente cada uno de los tres animales para tu altar personal o tu bolsa medicinal. Podría ser una pluma que encuentres en el suelo, restos de pelo, una estatuilla o una foto del animal. Toma nota de cualquier sincronicidad o visita de un animal.

Invoca al espíritu de un animal de poder

Una manera sencilla de trabajar con los animales de poder es invocarlos para que te ayuden. ¿Qué quieres? ¿Qué necesitas?

A lo mejor te gustaría estar más centrado en la tarea que debes terminar. ¿Por qué no recurrir en tal caso a las cualidades del pájaro carpintero que aguza el oído para descubrir a su presa y la captura perforando con el pico el tronco de los árboles?

Quizá deseas que tu hogar sea más cómodo y acogedor. ¿Por qué no recurrir entonces a tu animal de poder con plumas para que te ayude a construir tu nido, o a un pequeño mamífero para crear una madriguera agradable y cálida?

Tal vez lo que necesitas es intrepidez. Si es así, pide la ayuda de un poderoso cazador.

O quizá necesites descanso. En este caso invoca a algún gato indolente para que te ayude a acurrucarte y sestear.

Si estás intentando hacer un gran cambio en tu vida, invoca el poder de transformación de la mariposa.

Si estás deseando aumentar tu familia, pídele a la coneja sus bendiciones.

Invoca a tus animales espirituales cuando necesites que sus cualidades se manifiesten durante el día, o para un proyecto o una relación duraderos. Como hay varias formas de invocarlos, prueba varias para ver cuál te funciona mejor.

Podrían consistir en decir una frase como: «Hermano delfín, ¿me ayudarás a reservarme un rato para jugar hoy?» O «Lombriz, guíame para que transforme la pila de estiércol que tengo delante en abono».

Aunque no es necesario que sea así exactamente. Puedes recordar tu animal de poder y pedirle que te ayude por medio del movimiento, como dar varios pasos felinos, flotar sobre las olas como un ave marina, o cerrar los ojos y desplegar las «alas» para invocar al poder de la familia de las aves. O puedes invocar a un animal del mundo natural tarareando una melodía o imitando los ruidos que hace para que te ayude.

Por último, no es necesario invocar a un animal de poder para cualquier petición o propósito. Basta con que te muevas a lo largo del día con la energía de un saltamontes o con la curiosidad y la agilidad de un mono araña.

Después de invocar a menudo a tus animales espirituales durante uno o dos meses, saca tu lista y escribe cualquier cualidad nueva que hayas descubierto mientras has estado trabajando con ellos.

El acecho del ser: un viaje con tu animal espiritual

Para este ejercicio céntrate solo en un animal espiritual. Busca un lugar seguro y acogedor donde nadie te interrumpa durante al menos treinta minutos. Siéntate en una silla cómoda con los pies apoyados en el suelo, en contacto con la Madre Tierra.

Céntrate respirando profundamente varias veces para relajarte. Despréndete de cualquier angustia por el futuro o cualquier preocupación por el pasado, ahora te encuentras a solas en este lugar y en este momento perfectos.

Cierra los ojos y visualiza en tu mente a tu animal espiritual. Si tienes una forma de contactar con él, como ir a un lugar del mundo interior para reuniros, hazlo. Cuando digo *mundo interior*, me refiero a cualquier versión de tu conciencia imaginativa que surja en la meditación, la oración, la visualización o el estado de soñar. Visualiza en este espacio a tu animal ante ti, y siéntete lleno de alegría y paz al encontrarte en presencia de este aliado poderoso y fascinante.

Míralo a los ojos, advierte lo distintos que son de tus ojos humanos. Quizá su vista sea aguda como la de un ave de presa, o quizá sus ojos se parezcan a las aguas profundas de una laguna, como los de la nutria. Observa cómo se van acercando a ti hasta pegarse a los tuyos. Imagina ahora que cierras los ojos en el mundo interior y que cuando los abres ya no estás mirándolo a los ojos, sino viendo el mundo a través de los suyos. Echa una mirada a tu mundo interior con los ojos de esta increíble criatura. ¿Cómo es verlo todo con la mirada de tu animal espiritual? ¿Qué ves que no hayas visto antes? Explora el paisaje de la mente interior mientras te desplazas estando en la mente de tu animal espiritual, tanto si es por una jungla, un desierto, un océano o el jardín cubierto de césped de tu hogar.

Tal vez desees ver una parte de tu vida humana con los ojos de tu animal espiritual, lo que puede constituir una experiencia poderosa. Piensa en un momento y un lugar de tu vida al que te gustaría viajar: podría ser un acontecimiento feliz, por ejemplo, o un momento difícil. ¿Qué te revela cuando lo ves con sus ojos? ¿Qué cualidades te ofrece tu animal espiritual que tú quizá no tengas? (*Nota:* si te implicas demasiado emocionalmente en la escena, tal vez descubras que ya no la estás viendo con los ojos de tu animal espiritual. Si es así, respira hondo varias veces para despejarte y vuelve a verlo todo con sus ojos).

Revivir tu experiencia humana en el cuerpo de tu animal espiritual te permite hacer lo que algunos chamanes llaman «el acecho del ser». Esta experiencia te puede deparar revelaciones poderosas y la sanación personal. Ten en cuenta que tu animal espiritual te protege continuamente. Este aliado puede guiarte en tus narraciones negativas para que veas la verdad de tu vida.

Cuando estés preparado, cierra los ojos en el mundo interior. Cuando los abras volverás a verlo todo con tus ojos y estarás mirando de nuevo el rostro de tu querido amigo. Dale las gracias por su ayuda y su guía, y pregúntale si hay algún otro mensaje que quiera comunicarte en este momento. Cierra los ojos de nuevo.

En cuanto te hayas despedido de él, vuelve a tu cuerpo en el mundo viviente. Respira hondo varias veces y estira los brazos y las piernas. Mueve los dedos de las manos y de los pies. Cuando estés preparado, abre los ojos y vuelve plenamente a este lugar en este momento.

Te aconsejo que en cuanto hayas terminado de hacer este ejercicio, anotes tus experiencias en tu diario para asegurarte de haber captado los detalles de la experiencia y poder reflexionar sobre ella más tarde.

▲▼▲▼▲▼

Como siempre, te animo a explorar tus impulsos intuitivos mientras creas tu diálogo con uno o varios seres distintos. Tómate tu tiempo para decidir qué métodos te funcionan mejor y cómo se pueden convertir en una parte integral de tu práctica como un todo. Si tu inclinación personal es llevar un diario, tu trabajo con tus animales de poder quizá esté más orientado a la escritura. A otras personas tal vez les pueda atraer más crear y realizar rituales personales, meditar y visualizar, o dibujar o cantar. Descubre el camino que te ayude a incorporar las enseñanzas de los animales al proceso que sea más potente y transformador para ti.

A continuación encontrarás una detallada guía de referencia sobre una serie de animales con notas sobre sus cualidades, enseñanzas para recordar cuando te encuentres con ellos (ya sea de manera simbólica o física en el mundo natural), y ejercicios y oraciones para que incorpores la energía de estos animales en tu vida.

SEGUNDA PARTE

GUÍA DE RECURSOS PARA LOS ANIMALES DE PODER

Las siguientes páginas, llenas de información y de inspiración sobre los animales de poder, están concebidas para que utilices ambas en la forma que desees. Empieza por el principio o bien hojea el libro y lee una entrada al azar. Busca un animal que veas en el mundo o que se te aparezca en sueños. Vuelve a tus tres animales de poder y escribe notas en los márgenes del libro o en tu diario. Recuerda que quizá no sepas por qué te atrae un determinado animal o cuál será la guía que te ofrecerá. Sigue conectado a lo que sientes en tu interior. Cuando lees la información sobre un animal ¿sientes un tirón en el plexo solar (en el centro del torso, debajo del esternón)? ¿Deseas dejar a un lado el libro para investigar más sobre este animal o encontrar la forma de observarlo más de cerca? ¡Sigue tu instinto!

Cada entrada incluye algunos ejercicios y una oración para invocar a tu animal de poder cuando lo necesites, pero también puedes escribir la tuya si lo deseas. Las palabras que te salgan del corazón y tu conexión personal con el animal vincularán tus intenciones con su poder de un modo más potente aún. Cada entrada también incluye algunos ejemplos de animales con una medicina (o guía espiritual) similar, y el lugar que ocupan en la rueda medicinal, lo que suele abarcar dos cuadrantes. Aunque también puedes realizar tu propia interpretación chamánica.

Recuerda que te pueden atraer distintos animales en distintas épocas de tu vida, o en distintos días o momentos del día. Tus tres animales de poder principales siempre viajarán contigo, pero puede que también necesites invocar a otros de vez en cuando. Como, por ejemplo, las enseñanzas del lobo para trabajar en equipo y empezar un proyecto especialmente difícil de alcanzar, o las de la serpiente de cascabel para que te ayude a fijar con claridad tus límites.

Llevar un diario te será muy útil en este proceso. Si te atrae un animal de las páginas siguientes (o algún otro que no esté en la lista), dedica un rato a escribir sobre él. Si es posible, ve a un lugar donde puedas observarlo con seguridad, como en el bosque o en una reserva de animales de la zona, y escribe en tu diario lo que hayas experimentado en ese lugar. Toma notas sobre la conducta del animal. ¿Cómo se mueve? ¿Cómo descansa? ¿Cómo interactúa con el entorno?

También puedes acompañar tus descripciones con dibujos. No es necesario que seas un artista profesional, cualquier persona puede aprender a dibujar y disfrutar con ello. La observación detallada te permitirá mantener un contacto más estrecho con tus animales de poder. Procura abandonar cualquier crítica negativa sobre tus habilidades artísticas y disfruta aprendiendo a dibujar.

El movimiento y la música también enriquecen tu exploración espiritual del mundo de los animales. Varias artes marciales y danzas imitan a los animales y los incorporan en ellas. Reflejan desde las características y atributos de ciertos movimientos hasta la forma de ser de los animales, y son un poderoso medio para establecer una conexión con la medicina de los animales y de ampliar tu práctica. Y, por último, te animo a aprovechar el poder del sonido y la música en este sentido. Desde la música pop o las grabaciones de sonidos de la naturaleza, hasta aullar como un coyote en luna llena. Explora los aspectos sónicos de la medicina de los animales.

Nota sobre tus encuentros con animales de poder: las siguientes entradas contienen enseñanzas para recordar durante tus encuentros con animales. Pero no es necesario que los encuentros sean físicos. También pueden darse mediante sueños, imágenes culturales, creaciones artísticas o referencias literarias. Por ejemplo, quizá caigas en la cuenta de que en las últimas semanas has visto imágenes de osos: en el collar de una amiga, en la portada de un libro y en un documental sobre la naturaleza. Y de pronto recuerdas que hace varias semanas soñaste que un oso negro enorme pasaba por delante de la ventana de la sala de estar de tu casa. El mundo viviente está intentando hablarte a través de señales, de sueños y de tu intuición. Una señal recibida en el momento oportuno es importante. Se trata de encuentros reales con animales de poder, aunque no te hayas topado con un oso de carne y hueso en medio del bosque.

ABEJA

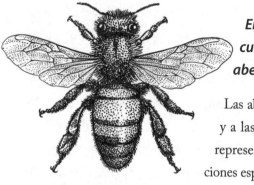

Enseñanzas para recordar cuando te encuentres con abejas

Las abejas pueblan el mundo entero y a las melíferas en particular se las representa en muchas distintas tradiciones espirituales. Todas son conocidas por la labor esencial de polinización de la vida vegetal de la Madre Tierra. Y gracias a esta labor compartimos la abundancia de las cosechas de frutas y verduras. A las abejas melíferas se las conoce en especial por su virtud de vivir y trabajar en comunidad, por su pasión por actuar para el bien común, y por la armonía geométrica de sus colmenas. Entre los frutos de su labor se encuentran la aromática cera de abeja, que se ha usado para elaborar velas sagradas a lo largo de los siglos y, naturalmente, la deliciosa miel que producen del néctar de las flores. Las abejas nos recuerdan la dulzura de la vida y las recompensas de la dedicación. Hay cientos de especies de abejas por todo el planeta. Y las autóctonas realizan funciones esenciales como polinizadoras de sus propios ecosistemas, aunque no produzcan miel. Por esta razón son una señal de fertilidad y procreación, o de la dispersión de semillas metafóricas como las ideas y los inventos.

Ver también: hormiga

Animales relacionados: termita, avispa

Elemento: aire

- Amante de la belleza
- Comunitaria
- Fértil

El aire es el elemento de la visión, la comunicación y la claridad, y las abejas representan a las dos primeros de formas únicas. Todas las abejas tienen cinco ojos. Dos de ellos están compuestos por muchos cristalinos. Las abejas procesan la información visual quince veces más rápidamente que los seres humanos, y los tres ojos en la mitad de la frente les ayudan a seguir la luz del sol para orientarse. Las abejas también se comunican de formas fascinantes. Por ejemplo, cuando una descubre una fuente de néctar mientras está explorando el lugar, les comunica la ubicación al resto de abejas de la colmena con una danza especial conocida como «danza contoneante». La medicina de las abejas nos recuerda que nosotros también nos comunicamos mediante el movimiento, a través de los gestos, la postura y el baile.

En Inglaterra había una tradición antigua conocida como «contárselo a las abejas»: las familias le contaban los grandes acontecimientos de su vida a la colmena del jardín. De este modo, las abejas eran las preservadoras de la historia.

Plantéate estas preguntas

- ¿Hay alguna área de tu vida que podría beneficiarse de trabajar con otras personas?
- ¿En qué aspecto necesitas ver las cosas con más claridad?
- ¿Necesitas comunicarte mejor con alguna persona, quizá de una forma distinta?

Invoca al espíritu de la abeja

Si tienes una casa con jardín, es probable que encuentres alguna abeja en tu jardín. O puedes ir a un parque cercano en el que haya flores. Si sales a buscar una abeja, ten paciencia. Y si ves una abeja que no sea melífera, podría ser una señal de que debes aprender más cosas sobre los abejorros, las abejas carpinteras, las abejas albañiles u otras abejas autóctonas de tu zona.

Si eres alérgico a las picaduras de abejas, sé precavido. Y si no lo eres, pero te dan miedo o no te gustan, aunque curiosamente te siguen atrayendo, pregúntate por qué las temes y qué representa este miedo en tu vida. ¿Te intimida su picadura? ¿O su forma imprevisible de volar? ¿O es la idea de que las abejas de una colmena te puedan atacar si se las provoca? ¿Cómo puedes afrontar estos miedos? ¿Qué te dicen?

Cuando hayas encontrado una zona donde observarlas, tómate tu tiempo y agudiza tus sentidos. Presta atención por si oyes el característico zumbido de alas de abejas volando de flor en flor. Fíjate en si las abejas portan granos de polen en las patas. Intenta percibir el aroma de las flores silvestres y sentir la cálida luz del sol en tu rostro. Deja que tu corazón se abra a la alegría de este momento, a la dulzura del mundo.

Si tienes un jardín en tu hogar, plantéate convertirlo en un lugar seductor para las abejas. Muchas plantas que nos atraen brindan la oportunidad de convivir con las abejas.

Oración para la energía de la abeja

Elaboradora de miel, transformadora de la
luz en dulzura. Ayúdame a escuchar el canto
de la alegría en todo.

ÁGUILA

Enseñanzas para recordar cuando te encuentres con águilas

En la naturaleza y en los relatos, el águila detenta un poder enorme. Es una de las aves más grandes, dotada de un pico y garras fuertes y alas de gran envergadura. Su presencia es imponente y con su vista potente lo vigila todo. El águila ha sido desde tiempos inmemoriales el animal de poder personal de la nobleza en diversas culturas, y es símbolo de fuerza y orgullo militar. El águila es una poderosa aliada a la que recurrir cuando necesites hacer un esfuerzo extraordinario y mantenerte fiel con orgullo a tus convicciones.

Ver también: halcón, buitre

Animales relacionados: cóndor, halcón

Elemento: aire

- Poderosa y fuerte
- Valiente
- Autoritaria y resuelta

El águila gobierna el cielo y es el animal de poder más formidable en lo que respecta al reino de la mente. La mente es nuestra única herramienta para crear el poderoso Sueño Personal de nuestra vida y también para contribuir al Sueño colectivo del Planeta. Pero solemos subestimar su poder, creemos que estamos condicionados por fuerzas que no podemos controlar. El águila nos recuerda que esto no es verdad. La mente es una herramienta potente que genera relatos poderosos, tanto si nos damos cuenta o no de este proceso. Cuando aprendemos a manejar esta herramienta para nuestros mejores intereses y como expresión de nuestro intento más verdadero, la mente se vuelve tan poderosa como un águila, con una claridad de visión y una fuerza de propósito inusitadas.

El águila no tiene tiempo ni paciencia para diálogos interiores negativos ni fantasías destructivas. El poder real, la fuerza y la autoridad surgen de la confianza de mantener una profunda conexión con la verdad, en lugar de estar sumidos en la ilusión. El águila, como ser de pura claridad, irradia confianza y enseña a los que están dispuestos a aprender, a cultivarla en su vida.

Esta claridad de visión es la que le da al águila su imponente presencia y autoridad natural. A veces, vemos la autoridad como algo que recibimos de fuerzas externas, como la educación, las jerarquías o los títulos. Pero en realidad, la habilidad de hablar con autoridad real surge de la claridad. La experiencia y los conocimientos también nos confieren cierta autoridad, pero un niño pueda expresar una profunda verdad con una gran convicción en su corazón. El niño es en ese momento una autoridad poderosa por su claridad y confianza. Cuando la claridad se convierte en el eje, la persona que habla con verdadera autoridad nunca teme admitir que no sabe algo o que se ha equivocado, si este es el caso. ¿Por qué? Porque sabe que admitirlo es más importante para preservar y proteger la verdad que mantener una imagen.

Requiere coraje reunir nuestro poder y mantener una auténtica confianza y autoridad. El águila no nos promete facilidades ni comodidad, sino que nos enseña el auténtico significado del poder.

Plantéate estas preguntas

- ¿Cuáles son las cualidades de liderazgo que más admiras? ¿Cómo puedes cultivarlas?

- ¿Te obliga la situación en que te encuentras a mostrar coraje? ¿Puedes inspirarte en alguien para armarte de valor y afrontar tu miedo con naturalidad?
- ¿Te sientes cómodo diciendo la verdad? ¿Y emprendiendo acciones decisivas?

Invoca al espíritu del águila

«Coraje» proviene del latín «cor» («corazón»). El coraje sale de dentro, cuando el corazón está lleno y la mente, clara. Cultivar el coraje, la autoridad y el poder, una práctica que invoca a la poderosa águila como guía, es emprender la dura tarea de enfrentarte a tus miedos personales. En lo que respecta a los miedos, la mejor forma de combatirlos no es luchar contra ellos, sino entenderlos en toda su complejidad. Es la clase de claridad que genera coraje. Si entrenas tu ojo de águila para entenderte a ti y tus miedos, nada te impedirá satisfacer los deseos de tu corazón.

Puedes hacer esta clase de labor combinando la escritura de un diario con ceremonias, meditaciones y autorreflexiones. Te puede convenir recurrir a un terapeuta para que te ayude a deshacer nudos más complicados.

Oración para la energía del águila

Maestra águila, poderosa guía
que contemplas el mundo desde un nítido cielo
con vista potente, corazón abierto y
autoridad que emana de la claridad,
enséñame a escuchar mi verdad interior,
a tener la confianza y el conocimiento
para afrontar cualquier cambio
con la fuerza de las montañas.

ARAÑA

Ver también: coyote, cuervo, zorro, conejo

Animales relacionados: crisopa, cuervo grande, gusano de seda

Elementos: fuego y tierra

- Expresiva
- Interconectada
- Asertiva

Enseñanzas para recordar cuando te encuentres con arañas

Las arañas, como las serpientes, pueden hacernos pegar un salto instintivo cuando las vemos. A algunas personas les producen verdadero pánico. Claro que con tantas patas, con las mandíbulas como fauces y la habilidad de escabullirse o de caernos encima desde lo alto de sopetón, es lógico que nos intimiden. Nuestro conocimientos ancestrales nos dicen que tengamos cuidado porque su mordedura venenosa es peligrosa, aunque lo más probable es que no sea así. Pero cuando nos lo tomamos todo con más calma y las observamos con atención, dominando nuestra respuesta de pánico inicial, las arañas se convierten en seres fascinantes. Son las grandes constructoras de telarañas y nos dan una idea de la red de la vida. Las arañas, como partes esenciales de esta red, han sido objeto de veneración en diversas tradiciones espirituales y representadas en distintas manifestaciones artísticas a lo largo de la historia.

Diversas culturas indígenas del continente americano asocian a la araña con la creación y la creatividad. Por ejemplo, los dinés (navajos) y los hopis del sudoeste de Estados Unidos veneran a una diosa llamada Mujer Araña o Abuela Araña, la creadora del mundo que ayuda a los seres que viven en él. Otras culturas del continente americano y de África consideran a la araña una embaucadora tan sagaz como el coyote y el cuervo grande. Y muchas civilizaciones antiguas asocian a la araña con la tejeduría, la creación, la suerte y el destino.

La arañas tienen un caudal de enseñanzas para ofrecer a quienes son lo bastante valientes como para acercarse a ellas con respeto. Cierra los ojos e imagina una tela de araña orbicular por la mañana, con gotas de rocío colgando de cada hilo, reluciendo bajo la luz del sol. Nos maravilla la capacidad de las arañas para crear algo que parece tan delicado y efímero, un patrón improvisado sobre la marcha y ejecutado a la perfección, un hogar construido con una sustancia viscosa y fuerte que segrega el animal. La seda de araña es más liviana que el algodón, pero su resistencia a la tensión es tan fuerte como la del acero. En las telarañas vemos nuestra interdependencia y cómo estamos conectados con los demás en el mundo viviente. Si tiras de un hilo, toda la telaraña se moverá. La araña nos enseña que si nos movemos siendo conscientes de que el mundo está conectado, aprovechamos nuestras cualidades naturales, y vamos solucionándolo todo sobre la marcha. Seremos los tejedores y arquitectos de nuestra propia vida de una forma natural y ligera que crea a su vez vínculos duraderos de belleza y fuerza.

Plantéate estas preguntas

- Piensa durante un rato en la interconexión inmensa de tu vida: en la red familiar, los compañeros de trabajo, los amigos, los conocidos, e incluso en la influencia de los ancestros y en cómo influyes en tu propio futuro por medio de tu expresión creativa, tus acciones y tus descendientes.

- ¿Te parece que eres el artista y arquitecto de tu vida? ¿Cómo puedes empezar a construir una red con un intento más sólido?

Invoca al espíritu de la araña

El arte de tejer simboliza el espíritu de la araña. Una manera de conectar simbólicamente con el espíritu de la araña consiste en tejer mientras meditas sobre las enseñanzas más profundas de la araña en tu vida. Esta actividad puede ser tan sencilla como unir tres hebras de lana o de cordel con un nudo y trenzarlas para formar una pulsera. En internet encontrarás muchos métodos y técnicas para tejer. Varias amigas mías han aprendido a tejer simplemente con dos agujas. La naturaleza rítmica de tejer y trenzar hace que la mente entre en un profundo estado meditativo. También puedes recitar mantras o una oración mientras tejes. Como la rítmica plegaria con la que concluye esta entrada que te ayudará a que la experiencia sea más profunda.

Otra forma de invocar a la medicina de las arañas en tu vida es dibujar una red en tu diario y etiquetarla. Te servirá para hacer un mapa de las personas interconectadas de tu vida o de la estructura de un proyecto doméstico o laboral, o para ver con otros ojos tu lista de tareas. O puedes escribir un problema o una pregunta en el centro de la red, etiquetalo, y luego traza líneas radiales que salgan de él. Etiqueta cada una de las líneas con cuestiones o reflexiones que tengan que ver con el problema. Y, por último, rellena algunas de las casillas de la red con el nombre de las personas, los lugares y las cosas relacionadas con el tema en cuestión y anota también los intervalos de tiempo. Procura representar en esta red todo cuanto tengas en la cabeza. Olvídate después de ella durante varios días, y vuelve a consultarla más tarde para ver si te revela información nueva o te ayuda a hacer alguna conexión útil.

Oración para la energía de la araña

Amiga araña, araña maestra que desde
tu corazón tejes maravillas,
ayúdame a tejer las hebras del destino,
a crear mi vida como un arte sagrado.

ARDILLA

Enseñanzas para recordar cuando te encuentres con ardillas

Las ardillas son animales que parecen están por doquier, pues habitan tanto en entornos rurales como urbanos. Pueden fastidiarnos al penetrar en nuestro hogar royendo la madera con los dientes o al comerse las semillas de los semilleros de nuestro jardín. Pero al igual que otros animales sumamente adaptables, las ardillas son resistentes, ingeniosas e increíblemente persistentes. Vale la pena que les prestemos atención. Además, para quienes viven en áreas urbanas densas, las palomas, los gorriones, las ratas y las ardillas son su única oportunidad de conectar con la fauna a diario. En el siglo diecinueve las ardillas fueron prácticamente erradicadas de la ciudad de Nueva York, pero más tarde las reintrodujeron en Central Park para mayor alegría y diversión de los neoyorquinos.

Ver también: zarigüeya

Animales relacionados: ardilla listada, ardilla voladora, ardilla zorro, marmota canadiense, marmota, ratón, perrito de la pradera, ardilla roja, topillo

Elemento: tierra

- Curiosa y resuelta
- Preparada
- Conectada a la tierra

Las ardillas son muy inquisitivas y curiosas, en especial a la hora de encontrar nuevas formas de buscar comida, pero una de sus lecciones más valiosas es lo persistentes que son. Quizá hayas oído relatos sobre la determinación de las ardillas cuando se trata de escalar estructuras que parecen inexpugnables, colarse en espacios cerrados, allanar comederos de pájaros supuestamente «a prueba de ardillas», y aguardar en árboles y en lo alto de las vallas a la espera de que los perros de la zona se alejen para explorar el jardín en busca de comida. No cejan en su empeño hasta cumplir con su misión.

La determinación de no darnos por vencidos es una parte esencial de una vida creativa, una vida empresarial, una vida social y una vida espiritual. Aprender algo nuevo o intentar alcanzar una meta lejana puede ser agobiante y doloroso. Quizá deseemos rendirnos. Pero si lo reemplazamos por el objetivo más alcanzable de meditar simplemente un rato y sentirnos preparados ante la vida, nos sorprenderemos al ver cuántas cosas nos llegan como por arte de magia. Después de todo, las ardillas almacenan diligentemente montañas de bellotas y nueces cada otoño. No saben qué ocurrirá en el futuro, se centran en la acción y no en el resultado. No tienen forma de saber que el resultado a largo plazo de un montón de bellotas olvidadas podría ser el roble que alimentó a sus predecesoras.

Fijarnos una meta diaria y ponernos manos a la obra, aunque no sepamos el resultado o no podamos controlarlo, es una práctica poderosa de intencionalidad. Escribir cada día algo en nuestro diario sin excepción, aunque lo que escribamos sea absurdo, nos acaba conduciendo a la inspiración. Cuando sientas que estás perdiendo la creatividad o la inspiración, o que estás a punto de rendirte en un proyecto, invoca al espíritu de la persistente ardilla para que te ayude a centrarte en el presente y a estar listo para seguir adelante.

Plantéate estas preguntas

- ¿Estás a punto de perder la paciencia con un proyecto o una situación? ¿Cómo puedes centrarte en lo que puedes hacer en el presente?
- ¿Llevas tiempo sintiendo curiosidad por algún tema en el que aún no has ahondado? ¿Cómo puedes aprender más sobre este tema con la curiosidad y la tenacidad de una ardilla?

Invoca al espíritu de la ardilla

Estar presente es un modo sencillo de conectar con la naturaleza. En medio de una ciudad, si observas con regularidad el mismo pedazo de tierra —de un parque o de un jardín —, advertirás todo tipo de detalles: los cambios de las estaciones y las características de la luz, las diferencias que manifiestan la flora y la fauna, la cantidad de cambios y de movimientos. La idea es adquirir la costumbre de visitar una zona y sacar fotografías, dibujar o tomar notas de lo que observes ese día o esa semana. Lo importante es dedicarte a ese lugar durante una buena temporada. Después de un tiempo, estarás tan sintonizado con él que serás *tú* el que cambiará, ya que tu conciencia y tu capacidad de observación se habrán agudizado. Quizá empieces a advertir las diferencias en el grado de humedad de la tierra y cómo influyen en el color del follaje de tu alrededor. Tal vez captes las variaciones en el plumaje pardo de los pájaros que antes creías que siempre era el mismo. Al dedicarte a observar el mismo lugar sistemáticamente, no solo le estás ofreciendo el regalo sagrado de tu atención, sino que estás recibiendo un regalo del mundo viviente al abrirse a tu percepción agudizada y tu tenacidad. Cuando te parezca bien y sea el momento adecuado, recoge algún objeto pequeño de ese lugar para colocarlo en tu altar, como una bellota o una hoja, un poco de tierra o una flor seca.

Oración para la energía de la ardilla

Amiga ardilla, perseverante y curiosa,
ayúdame a no rendirme, a dar a este proyecto
y a esta vida la atención minuciosa y obstinada
que se merecen. Enséñame a conectar con
el mundo viviente con una tenaz alegría.

BALLENA

Enseñanzas para recordar cuando te encuentres con ballenas

La poderosa y gigantesca ballena, sabia maestra ancestral, es una majestuosa buceadora de las profundidades y protectora de la familia. Juguetonas y apacibles, salvajes y formidables, las ballenas del mundo entero nos asombran y nos recuerdan nuestra pequeñez. Ante la presencia física y espiritual de estos seres experimentamos algo casi inefable. Por ejemplo, cuesta imaginar la inmensidad de la ballena azul, el ser vivo de mayor tamaño del planeta. En realidad es más grande que cualquier animal que *haya* vivido en nuestro planeta. Su corazón es tan enorme como un coche, y sus latidos se oyen a una distancia de más de tres kilómetros.

Al mirar vídeos o imágenes de ballenas, sentimos que el corazón y la mente se nos calman y tranquilizan ante la apacible presencia de estos cetáceos deslizándose por el agua. Escuchar los fascinantes y misteriosos

Ver también: elefante, hipopótamo

Animales relacionados: beluga, ballena azul, ballena jorobada, narval, orca

Elemento: agua

- Contemplativa y pacífica
- Emocional
- Comunicativa

cantos de una ballena jorobada nos produce una sensación de bienestar y conexión.

Las ballenas son mamíferos organizados en grupos familiares matrilineales que pasan la vida entera en el mar. Las ballenas ejemplifican una bella metáfora de elegir bucear en las profundidades de la riqueza emocional de nuestra vida con los afectuosos cuidados recíprocos de nuestra familia, elegida o no. Las orcas nunca se separan de sus madres y el apareamiento de estos cetáceos es un ritual complejo de emparejamiento presidido por las abuelas de dos grupos matrilineales (descendencia definida por la línea materna) distintos. Las ballenas, como las tortugas, son calmosas y longevas. Muchas de ellas emigran cada año a determinados lugares recorriendo largas distancias. Si bien no conocemos la vida interior de las ballenas, sus atributos nos permiten entender profundamente las grandes distancias del tiempo y el espacio. Un grupo de ballenas grises tiene a sus crías en Baja California, México. La caza de ballenas era común en esta zona hasta mediados del siglo pasado, y las ballenas de la región eran agresivas, como es lógico, con las embarcaciones y los pescadores, y protegían a sus retoños. Pero al cabo de treinta años de la terminación de la pesca ballenera, algunas de estas ballenas, que son lo bastante mayores para recordar cuando eran cazadas, volvieron a conectar afablemente con los seres humanos. En realidad, este grupo familiar se conoce como «Las Amigables» por su deseo de interactuar con respeto y cariño con los humanos que visitan la zona.

La medicina de las ballenas nos enseña a tomárnoslo todo con más calma, a apreciar el mundo de nuestro alrededor y a flotar en el presente, descansando en los brazos inmensos del universo. En su libro *Un ataque de lucidez*, la neurocientífica Jill Bolte Taylor describe su experiencia de sufrir un derrame cerebral. Después de un fuerte dolor de cabeza, cuenta que «se sintió como si un genio se hubiera liberado de su lámpara maravillosa». Su espíritu «parecía fluir como una gran ballena deslizándose por un mar de silenciosa euforia». Había encontrado el nirvana. La sabiduría de las ballenas sugiere el misterio inmenso e inefable de la conciencia, la realidad más allá de lo que conocemos con nuestra mente narradora de relatos.

Plantéate estas preguntas

- ¿Estás dispuesto a tomar una vivificadora bocanada de aire y bucear en las profundidades de las aguas emocionales?

- ¿Hay algo en tu corazón que no hayas compartido con alguien, algo que te aliviaría airear? ¿Cómo puedes establecer una conexión con la calma inmensa y contemplativa de una ballena para que te guíe hasta el siguiente paso?

- ¿Qué relación mantienes con tu madre? Tanto si te hace sufrir como si te llena, trabajar con la medicina de la ballena te da una sensación de pertenencia, de sustento y una profunda conexión emocional. ¿Se te ocurre alguna manera de honrar y sanar las relaciones maternofiliales de tu vida?

Invoca al espíritu de la ballena

Como ocurre con muchos animales, la meditación puede atraer al espíritu de esta maestra sabia y ancestral a tu vida. También puedes añadir la imagen de una ballena o de la cola de una ballena a tu altar personal, o algún otro símbolo a tu bolsa medicinal. Para invocar al espíritu de la ballena durante la meditación, pasa un tiempo en contemplación imaginándote cómo te sentirías si te deslizaras por el mar abierto de un azul intenso, o por los confines vastos e insondables del espacio, sin preocupaciones ni prisas. Deja que tus inquietudes del pasado y tus angustias por el futuro te abandonen y se hundan en el fondo del océano para ser recicladas, olvidadas y perdonadas. Puedes meditar de este modo en la bañera o mientras flotas en una piscina o en otra masa de agua. Deja que la sensación de ingravidez te apoye en tu exploración.

Oración para la energía de la ballena

Madre ballena que te deslizas
por la gran inmensidad azul del mar,
ayúdame a nadar por las profundidades de mi ser
con la misma elegancia. Enséñame a hacer de
mi vida un canto que refleje a cada
momento la sabiduría de una paz atemporal.

BISONTE

Enseñanzas para recordar cuando te encuentres con bisontes

En el pasado millones de bisontes vagaban por América del Norte y constituían los mamíferos más numerosos del continente. Los ciclos vitales y las conductas de esta especie clave han sostenido la delicada ecología de las llanuras y pastizales durante miles de años. Son los cuidadores de su hogar y de todos los seres que viven en él. Los bisontes siempre han desempeñado un papel sagrado esencial en las culturas y tradiciones de lass culturas nativas americanas, y han satisfecho una gran variedad de necesidades de estas comunidades, entre las que se cuentan la comida y la vestimenta.

Animales relacionados: bisonte de la India, búfalo acuático, yak

Elemento: tierra

- Resistente
- Natural
- Firme

Pese a su tamaño impresionante (pesan más de una tonelada), corren a una velocidad de 45 a 55 kilómetros por hora y saltan alturas de casi dos metros. Aunque de lejos parezcan animales lentos, tranquilos y mullidos, pueden ser muy peligrosos si uno no es respetuoso con su naturaleza salvaje y su impresionante poder. Una de las lecciones que nos enseñan los bisontes es la de no presuponer nada basándonos en el aspecto.

Los colonos europeos que se establecieron en América del Norte cazaron bisontes hasta finales del siglo diecinueve, por lo que aniquilaron casi por completo a la especie. A raíz del genocidio y las guerras de expansión contra los nativos en el oeste americano, resultaron sacrificados de treinta a sesenta millones de animales en unas pocas décadas. En la actualidad, numerosos rebaños de bisontes viven en zonas protegidas, y en 2016 fueron declarados mamíferos nacionales de Estados Unidos. En este caso, las enseñanzas que recibimos del bisonte son tanto históricas, como mitológicas y científicas. Nos queda mucho que aprender sobre cómo vivir en equilibrio con la otra vida que nos rodea, actuando como parte de la naturaleza en lugar de creernos separados o por encima de ella. Solo al honrar la verdad de nuestro pasado colectivo podremos empezar a reparar los daños causados. La medicina de los bisontes nos recuerda que a base de colaboración y perseverancia es posible superar cualquier situación, aunque estemos al borde de la ruina.

Naturalmente, la tenacidad del bisonte también tiene mucho que ver con el éxito. Los bisontes son de forma notoria imposibles de domesticar. Son animales imprevisibles y no quieren renunciar a su naturaleza salvaje innata, aunque se haya intentado domesticarlos por medio del adiestramiento o de la cría selectiva. Los seres humanos domesticamos a otros animales, y en la visión tolteca del mundo la domesticación es resultado de los acuerdos que hacemos con nosotros mismos basándonos en las respuestas que recibimos desde una edad temprana de los miembros de nuestra familia, los medios de comunicación, la cultura, etcétera. Por ejemplo, quizá de pequeño te encantaba dibujar, pero un día otro compañero de clase criticó tu dibujo y ese comentario suyo se convirtió en un acuerdo: «No se me da bien dibujar». Esos acuerdos nos llevan a la domesticación de nuestra naturaleza salvaje, natural y creativa. El bisonte nos enseña que podemos resistirnos a ello y liberarnos de esta domesticación al ser conscientes de nuestros acuerdos, lanzándoles una mirada libre y salvaje, y negándonos a que nos sigan condicionando.

Plantéate estas preguntas

- ¿Cómo te domesticaron con los mensajes que oíste mientras crecías? ¿Qué domesticación has aceptado que te impide gozar de tu verdadera libertad personal?
- ¿Presupones algo sobre una situación actual que quizá tendrías que replanteártelo?
- ¿Has tenido una actitud negativa últimamente? ¿Qué puedes hacer para verlo todo con una mirada más esperanzadora?

Invoca al espíritu del bisonte

Quizá ya hayas empezado la tarea de liberarte de tus acuerdos domesticadores. Si es así, el espíritu del bisonte es un gran amigo al que invocar. Si acabas de empezar, tal vez desees comenzar con algo pequeño. Dedica un rato a meditar o a escribir un diario, y piensa en un sueño que siempre hayas albergado, pero que nunca hayas hecho realidad. A lo mejor esperas alcanzarlo en el momento oportuno, en esa deliciosa temporada en que goces de suficiente tiempo, talento, dinero o de cualquier otra cosa que creas necesitar. Piensa en si estableciste un acuerdo en el pasado sobre este sueño. ¿Cuándo se sembró la semilla de este acuerdo domesticador? Por ejemplo, quizá tus padres estudiaron una carrera que no les gustaba, y te dijeron que tú también debías hacer lo mismo para ganarte la vida. O tal vez intentaste hacer algo que te apasionaba, pero tus inicios no superaron el listón que te pusiste, o las expectativas de alguna otra persona. Es muy probable que estas influencias domesticadoras crearan creencias y relatos que tal vez no sean verdaderos para ti. Con un poco de trabajo y atención puedes liberarte de ellos para embarcarte en una nueva aventura salvaje.

Si te atrae trabajar con el espíritu del bisonte, una forma importante de honrar sus dones y de emular sus enseñanzas es colaborar en su reintroducción y conservación por medio de entidades gubernamentales americanas y tribales, y de organizaciones benéficas.

Oración para la energía del bisonte

Bisonte, maestro poderoso, feroz y resistente,
ayúdame a liberarme de los acuerdos domesticadores
que me han coartado la libertad interior.
Y a reunir el valor para dejar vagar en libertad
mi corazón salvaje por los grandes espacios abiertos del mundo.

BÚHO

Ver también: águila, halcón, polilla, buitre

Enseñanzas para recordar cuando te encuentrascon búhos

El búho vuela por los bosques envuelto en la oscuridad, silencioso como un murmullo, observándolo todo siempre. Desde la antigua Grecia, el búho se ha considerado el guardián del conocimiento, y era el mensajero y el compañero de Atenea, la diosa de la sabiduría. Con sus grandes ojos, situados en la parte frontal de la cabeza y su capacidad para girarla, se diría que los búhos se parecen a nosotros, aunque nos asombre su capacidad perceptiva sobrenatural. Ven lo que nosotros no vemos, y saben lo que nosotros desconocemos.

Elemento: aire

- Sabio y sagaz, experimentado
- Prudente y contemplativo
- Intuitivo y lúcido

En algunas culturas los búhos se consideran presagios desafortunados de la muerte o emisarios enviados por quienes quieren lastimarnos. Algunas historias afirman que no son aves terrenales, ni siquiera seres vivientes, sino que son espíritus fantasmales que ululan de forma estridente. Pero como ocurre con cualquier enseñanza, tenemos que decidir qué es importante para nosotros. Después de todo, ¿qué es un presagio?

En la actualidad, los consideramos en gran parte supersticiones, pero también reflejan una especie de conocimiento práctico del que la mayoría de personas del mundo moderno se han olvidado.

Estoy seguro de que en algún momento de tu vida has tenido una misteriosa «corazonada», o una intuición súbita, sobre una persona, una situación peligrosa o una oportunidad excitante. Hay una sabiduría en nuestro interior de la que no somos plenamente conscientes. El búho nos recuerda que al escuchar el mundo natural y a nuestra intuición, somos conscientes del presente, interpretamos una situación con rapidez y decisión, y respondemos con una gran sabiduría intuitiva.

El búho nos ofrece consciencia, sabiduría, silencio e intuición. El impulso humano hacia el conocimiento intuitivo es en sí mismo una forma de ver en la oscuridad. Cuando el futuro es turbio y dudamos sobre lo que es mejor para nosotros, invocar al espíritu del búho nos permite calmarnos, centrarnos en el presente y conectar con nuestra sabiduría interior y nuestra intuición. Al adquirir estas habilidades, descubrimos que ya no nos da miedo la oscuridad, lo invisible, lo incognoscible, lo incierto ni la propia muerte.

En los tiempos actuales, esto es un gran regalo.

Plantéate estas preguntas

- ¿Qué ocurriría si te movieras lo más silenciosamente posible a lo largo del día? ¿Puedes silenciar el parloteo interior de tu agitada mente? ¿Cómo podría ayudarte una reflexión silenciosa?
- ¿Estás dispuesto a invertir tiempo y atención para aumentar tus poderes perceptivos?
- ¿Has tenido últimamente alguna corazonada que hayas estado ignorando? ¿Podría un presagio «malo» o «desafortunado» ser simplemente una percepción que te protegiera o te alertara de una oportunidad nueva?

Invoca al espíritu del búho

Para invocar al espíritu del búho, procura afinar tus habilidades intuitivas. Puede consistir en plantearte preguntas sencillas cuya respuesta es un «sí» o un «no», y en escuchar lo que tu intuición te responde. Por ejemplo, mientras paseas por la mañana, pregúntate: ¿derecha o izquierda? Y luego respira hondo y escucha una vocecita en tu cabeza o un tirón físico en tu cuerpo que te indica una dirección o la otra. Respeta el mensaje siguiendo el consejo de ir hacia la derecha o la izquierda con mente y corazón abiertos. También puedes reservar una página de tu diario para anotar cualquier impulso intuitivo que experimentes, y añadir más tarde alguna observación sobre si fue exacto o si descubriste algo. La intuición nos lleva a un lugar que no podemos justificar con la mente racional y a un resultado inesperado.

Una buena historia sobre ello nos la proporciona Ken Robinson, un reformador de la educación que describió su frustración con los estudios universitarios de su hijo. El chico cambió de carrera tres veces. Primero eligió Economía, después Lenguas Románicas y por último Historia del Arte. Su padre creyó que nada bueno podría salir de una elección tan caótica y cambiante. Su hijo tampoco sabía por qué le había dado por cambiar de carrera tantas veces, pero sentía que debía hacerlo. Después de graduarse, descubrió que le apasionaba ser marchante de arte. Y sus conocimientos de lenguas, economía e historia del arte le vinieron como anillo al dedo para esta profesión.

También puedes buscar presagios y señales en la naturaleza. Al fijarnos en el mundo natural, se abre un panorama inmenso de posibles mensajes intuitivos. Por ejemplo, si tienes que tomar una decisión y no estás seguro de qué hacer, busca un lugar en el mundo natural donde te sientas seguro y cómodo, y siéntate en el suelo. Conecta con tu entorno respirando hondo varias veces. Deja a un lado tus pensamientos y preocupaciones e invoca al espíritu del búho para que te ayude «a ver en la oscuridad». Después, céntrate en tu pregunta o situación… y espera. Sé paciente y receptivo. A veces la sabiduría intuitiva es muy sutil y puede parecer insignificante. Quizá percibiste un ligero olor agradable en el viento mientras pensabas en tu problema: a flores, por ejemplo. El olor quizá despierte un recuerdo en ti o arroje luz sobre la situación al llevarte a una situación del pasado. O puede que te genere una asociación que te conduzca hacia una nueva dirección creativa.

Agudizar tu intuición es una actividad para toda la vida que puede traerte mucha alegría y una sensación renovada de conexión con todo lo bueno que hay en el mundo. La sabiduría intuitiva, combinada con la sensatez y el sentido común, es una herramienta poderosa.

Oración para la energía del búho

Búho sabio que ves en la oscuridad,
ayúdame a sintonizar con el mundo viviente
que me está hablando a cada momento.
Abre mi corazón a la sabiduría que vive
en mí y ayúdame a volar con alas
silenciosas y sabias en momentos de incertidumbre.

BUITRE

Enseñanzas para recordar cuando te encuentres con buitres

Los buitres son reverenciados y detestados desde hace mucho tiempo. En el antiguo Egipto se veneraba a Nejbet, una diosa buitre representada como un buitre sosteniendo el símbolo egipcio de la protección. Como aves carroñeras, se las ha asociado con la muerte, los campos de batalla y las guerras, pero sirven una función ecológica esencial al reciclar la carroña, que de lo contrario sería una fuente de propagación de bacterias y enfermedades.

Ver también: escarabajo, coyote, zarigüeya, dragón de Komodo

Animales relacionados: cóndor, gusano

Elementos: aire y tierra

- Transformador
- Protector y restaurador
- Equilibrado

Como tienen el cuello y la cabeza desprovistos de plumaje y adoptan una postura encorvada, no nos parecen aves majestuosas ni bellas. Además apestan, ya que los buitres aparte de merodear por donde hay materia en descomposición, defecan sobre sus patas para refrescárselas y moderar su temperatura corporal. Algunos buitres también arrojan vómitos en respuesta a las amenazas. Quizá cueste ver por qué buscar en estas aves alguna clase de sabiduría. Sin embargo, planean de maravilla en las corrientes de aire caliente, y tienen muchas enseñanzas para ofrecernos sobre las realidades de la vida mortal y la importancia del equilibrio y el reciclaje. Los buitres nos enseñan a aceptar nuestro yo físico como una parte real y orgánica de la naturaleza. Los animales ignorados o detestados tienen algunas de las lecciones más poderosas para ofrecernos, porque nos muestran lo que nos da miedo y no queremos afrontar. Con frecuencia, nos revelan formas inesperadas y potentes de sanar.

Todos los animales, mueren, como nos ocurrirá a ti y a mí, y a todo el mundo, y nuestro cuerpo físico regresará a la tierra. Si nuestro cuerpo estuviera expuesto al aire libre, los buitres y otros animales se lo comerían. Si fuera incinerado, liberaría energía y moléculas que se reciclarían a su vez. Si lo enterraran, se lo comerían otros seres. La muerte no tiene por qué ser espantosa, es simplemente una realidad de la vida. Afrontar la muerte nos ayuda a sentir un profundo respeto por el tiempo limitado que tenemos para vivir. Al margen de lo que le ocurra a la mente consciente, al espíritu o al alma cuando morimos, la medicina del buitre nos recuerda que nuestro cuerpo pertenece a la Madre Tierra y que siempre será una parte del gran ciclo de la vida. Comemos, morimos, y alimentamos a otros seres. Esta hermosa danza sustenta la vida en nuestro `planeta perecedero.

Los buitres son criaturas del aire, y este elemento se vincula con la claridad y la mente. Debido a su relación con la muerte, la decadencia y la regeneración, son también animales de tierra, y nos traen a la mente nuestro cuerpo físico. El buitre nos recuerda que no debemos rechazar nuestros pensamientos sobre la muerte y la mortalidad, sino honrar esta realidad de la vida y sentir, al pensar en ello, una paz interior y una claridad de visión transformadoras y liberadoras.

Plantéate estas preguntas

- ¿Qué consideras feo, sucio o imperfecto de ti? ¿Qué necesitarías para invertir el sentido de estas cualidades de forma que representaran algo noble?

- ¿Cómo puedes aplicar una «limpieza primaveral» a los aspectos de tu vida que necesitan una nueva perspectiva? ¿Te convendría limpiar literalmente tu hogar? ¿O te ayudaría una limpieza interior espiritual, quizá mediante rituales u oraciones?
- ¿Están desequilibrados un proyecto o una relación? ¿Cómo puedes emplear las energías del reciclaje y la renovación para que recuperen el equilibrio?

Invoca al espíritu del buitre

Hay distintas especies de buitres. La próxima vez que estés en un espacio al aire libre, intenta divisarlos cuando vuelan a gran altura. También puedes verlos cerca de las cunetas de las carreteras. Plantéate decir una oración por los animales que veas atropellados en la carretera. Invoca al espíritu del buitre y de otros carroñeros para que regresen a los brazos de la Madre Tierra. Llorar por una pérdida y aceptar al mismo tiempo que la muerte es sagrada y una parte necesaria de la vida es algo natural.

También puedes meditar sobre tu propia mortalidad. Aunque parezca morboso, es una reflexión muy serena y sanadora. En el budismo, una meditación sobre la muerte recibe el nombre de *maranasati*. Algunos budistas se comprometen a pensar en la muerte cinco veces al día. Hablar sobre la muerte y el morir con miembros de tu familia también es algo poderoso. Es una experiencia que reafirma la vida. Al principio cuesta sacar el tema a colación, pero es muy reconfortante para aclarar las cosas y mantener una conversación franca y sincera con los seres queridos. Permite hablar tanto del aspecto práctico de los testamentos vitales y los preparativos funerarios, como mantener conversaciones más espirituales sobre lo que uno cree que le ocurre a la mente y al alma después de la muerte. En internet encontrarás una gran cantidad de recursos para mantener este tipo de conversaciones con una actitud respetuosa y positiva. Antes de hablar de ello, invoca al espíritu del buitre para que te ayuda a encontrar este importante equilibrio.

Oración para la energía del buitre

Buitre sagrado, mantenedor del equilibrio
que vuelas tan alto como tu primo el halcón
sin perder de vista la verdad de la muerte,
enséñame a aceptar mi propia mortalidad
con naturalidad y la mente clara.

CABALLO

Ver también: ciervo

Animales relacionados: mono, ciervo
canadiense, mula, reno

Elementos: tierra y aire

- Libre, equilibrado y veloz
- Cooperador
- Orgulloso y noble

*Enseñanzas para recordar
cuando te encuentres con
caballos*

Los caballos han constituido uno de los pilares de los esfuerzos humanos y un tema artístico, religioso y de adoración durante miles de años. Los primeros vestigios arqueológicos de la colaboración entre humanos y caballos se remonta por lo menos al año 3500 a. C. En la actualidad, la mayoría de caballos están domesticados, pero todavía quedan algunos caballos salvajes en el mundo. Estos animales han jugado un papel esencial en nuestras vidas en los ámbitos del transporte, la ganadería y la caza entre otros. Así como en acontecimientos más problemáticos de la humanidad, como en las guerras. Resulta difícil llevarle la contraria a quienes afirman que los caballos son tan responsables de la civilización como los humanos.

Los caballos también están en el origen de varios imponentes animales mitológicos, como el pegaso, el hipogrifo y el unicornio. En la espiritualidad tibetana el mitológico caballo del viento se asocia con el alma humana y es un signo de buena suerte.

Los caballos son conocidos por su velocidad y su energía. Pueden ser feroces luchadores y valientes aliados, y la silenciosa fuerza y la sensación de libertad que produce montar a caballo se aprovecha para fines terapéuticos en la actualidad. El caballo parece ver dentro de nuestro ser, intuye nuestro estado interior y nos responde a nivel anímico. El vínculo emocional que se forma entre un caballo y un ser humano es legendario, y para muchas personas este vínculo es una parte sagrada del viaje de su vida y les da una sensación de propósito y de plenitud.

La domesticación de los caballos nos ofrece pistas sobre la nuestra. Aunque a los caballos se les pueda «domar» por medio de la violencia y el control, hay una forma mucho más poderosa de trabajar con ellos en un espíritu de suave colaboración y de fuerza mutua. Nuestra propia domesticación, en el sentido tolteca del mundo, es similar. Con frecuencia nos enseñan a comportarnos o a adoptar determinadas creencias de una forma que va en contra de nuestra naturaleza interior. Podemos aplicarnos a rehacer nuestro ser reemplazando esta domesticación por una sensación de curiosidad, amor, respeto propio y apertura genuinos.

Plantéate estas preguntas

- ¿Cuándo te sientes más libre? ¿Qué acciones puedes realizar hoy para sentirte más equilibrado y libre?
- ¿Cuál ha sido tu colaboración más estrecha con otro ser, ya sea humano o animal? ¿Te reveló tu yo interior de formas inesperadas?
- ¿Sabes que eres un ser noble con un propósito en la vida? ¿Puedes recurrir al espíritu del caballo para que comparta estas cualidades contigo?

Invoca al espíritu del caballo

Si tienes la suerte de interactuar con caballos regularmente, ya sabrás lo mucho que tenemos que aprender de estos sorprendentes animales. Trabajar con caballos es toda una lección de humildad, ya que las relaciones más gratificantes que se dan al trabajar con ellos requieren paciencia, respeto y bondad. Piensa en cómo esto podría influir en tus relaciones con otros seres humanos y contigo mismo.

Si todavía no has trabajado con caballos pero te atrae la idea, averigua si hay algún establo cerca de donde vives que cuente con alguien que imparta clases de equitación, o donde necesiten un empleado para ayudar en la cuadra. Puedes aprender muchas cosas sobre ti al limpiar el estiércol de los establos, alimentar a los caballos o almohazarlos. Asegúrate de que en el establo que elijas traten a los caballos con dignidad y cariño. Quizá haya también en la zona donde vives alguna entidad protectora de caballos maltratados. Colaborar con esta clase de organizaciones es otra forma de comunicarte con el espíritu del caballo en tu viaje espiritual.

Oración para la energía del caballo

Caballo noble, orgulloso y veloz,
ayúdame a encontrar mi fuerza salvaje,
a trabajar cooperando con todos los seres
para alcanzar el equilibrio y la plenitud
que me permitan correr con el viento hacia
mi vocación más elevada.

CABRA

Ver también: vaca, oveja

Animales relacionados: borrego cimarrón, oveja, íbice, cabra montesa

Elementos: tierra y aire

- Ágil
- Curiosa
- Valiente

Enseñanzas para recordar cuando te encuentres con cabras

Las cabras son animales valientes, aunque no se trata de la ferocidad intrépida de los grandes cazadores, como el lobo o el león, sino que son valientes por su agilidad, estabilidad, curiosidad y el firme deseo de llegar a un lugar si se las ingenian para trepar hasta él.

En muchos sentidos, la cultura contemporánea nos inculca miedos paralizadores. Todos conocemos los innumerables peligros que nos acechan en cada esquina. Quizá creamos que es una locura arriesgarnos en algún sentido o que no vale la pena esforzarnos en probar algo nuevo. Por lo que seguimos siempre igual, limitados y atrapados en nuestro hogar, nuestro corazón y nuestras creencias. La cabra nos enseña que para ser valientes no es necesario librar una batalla ni derrotar al enemigo. Lo único que necesitamos es poseer la curiosidad y la confianza necesarias para dar un paso y luego otro. Así, paso a paso, vamos trepando hasta llegar a la cima de la montaña.

Las cabras son los únicos animales de su especie (pertenecen a la familia de las vacas, las ovejas y los ciervos) que trepan a los árboles. En un sentido elemental, su afinidad con las alturas y la escalada las sitúa en el reino de la tierra y del aire. Las cabras se mueven entre la firme estabilidad de la tierra y el cuerpo, y las embriagadoras alturas de las ambiciones del aire. A las personas que anteponen el cuerpo a la mente, o viceversa, la cabra les ofrece un modelo de equilibrio.

Plantéate estas preguntas

- ¿Cuándo fue la última vez que probaste algo nuevo? ¿Puedes fijarte la meta de probar algo nuevo esta semana?
- ¿Sientes que puedes moverte con pasos firmes por un terreno desconocido? ¿O el miedo te paraliza?
- ¿Te sientes acorralado? Recuerda que eres mucho más ágil y flexible de lo que crees.

Invoca al espíritu de la cabra

Los seres humanos, al igual que las cabras, aspiran a alcanzar mayores alturas. Para establecer una conexión con la sensación de confiada libertad de las cabras, plantéate hacer escalada en un rocódromo, o al aire libre si tienes la suerte de vivir cerca de montañas. Incluso la satisfacción de subir varios rellanos de escaleras hasta llegar al último piso de un edificio alto puede colmar este deseo. La escalada quizá sea dura, pero llegar a la cima te parecerá un gran logro y el cambio de perspectiva será renovador y purificador.

Como es natural, la escalada no es la única forma de establecer una conexión con esta poderosa enseñanza. Terminar un proyecto que habías dejado a medias hace mucho te producirá la misma sensación de orgullo, logro y equilibrio. Recuerda que, como las ágiles cabras, lo único que tienes que hacer es acordarte de dar un paso y luego otro con valentía.

Oración para la energía de la cabra

Amiga cabra, ágil y curiosa
que trepas más alto aún, con paso seguro y libre,
enséñame a elevarme, a probar cosas nuevas.
A liberarme de cualquier intento de limitar mi alma
y a bailar por las cimas
con valentía.

CAIMÁN

Ver también: dragón de Komodo, tortuga

Animales relacionados: cocodrilo, dinosaurio, lagarto

Elementos: agua y tierra

- Ágil
- Protector
- Observador

Enseñanzas para recordar cuando te encuentres con caimanes

Los caimanes y sus primos cercanos, los cocodrilos, se asocian con el poder territorial y la agresividad. Están protegidos con una coraza gruesa y escamosa y se mueven tanto por el agua como por tierra con gran sigilo y rapidez. Pueden matar con sus potentísimas mandíbulas y su poderosa cola a sus presas o adversarios de un solo mordisco o coletazo. Pese a su ferocidad, los caimanes nos revelan grandes enseñanzas sobre la sabiduría de su cuerpo emocional instintivo.

Los caimanes son animales ancestrales y pasan gran parte de su vida en el agua, el elemento de las emociones. Se deslizan ágilmente por las aguas turbias valiéndose de su adaptación física y de sus instintos básicos para sobrevivir. Del mismo modo, nosotros también podemos dejarnos guiar por nuestro yo emocional ancestral, primitivo e instintivo. Cuando nos enfrentemos a un peligro físico o a una provocación psicológica, el ser primigenio y poderoso de nuestro interior se lanzará de pronto a la acción. Imagina lo que puedes conseguir cuando aprovechas esta energía.

Visualiza en tu imaginación a un caimán sumergido, espiando con los ojos fuera del agua los alrededores. Al igual que él, podemos ser presa de poderosas emociones sin perder la habilidad de cultivar la observación y la consciencia. Así mantendremos el equilibrio, apoyados y sustentados por nuestros sentimientos, en lugar de dejar que nos abrumen.

Los antiguos egipcios veneraban a Sobek, un dios con cabeza de cocodrilo. Los faraones admiraban su agresividad y procuraban imitar las feroces cualidades protectoras y sustentadoras de este dios para proteger a su pueblo y sus tierras. Los caimanes son animales territoriales que defienden a sus crías. Podemos aprender con su ejemplo a fijar límites, a preocuparnos por nuestro hogar, y a velar por lo que es importante para nosotros.

Plantéate estas preguntas

- ¿Crees conocer tu fuerza emocional o te sorprende? Analiza la relación que mantienes con el poder personal y cómo tus emociones lo fomentan o inhiben.
- ¿Cómo proteges lo que más quieres?
- ¿Te lanzas a la acción o piensas antes en las consecuencias de tus actos? Si observas la situación y reflexionas sobre ella durante unos momentos, ¿cómo afecta esto a tus acciones?

Invoca al espíritu del caimán

Tu yo instintivo o tu cuerpo emocional, conocido como «cerebro reptiliano», es la parte más arcaica de tu sistema nervioso, la parte que conservamos desde las primeras etapas de la evolución de la estructura del cerebro humano. Este ser primitivo que hay dentro de ti se comunica contigo y responde al entorno en todo momento, a menudo a través de tu cuerpo y de tus reacciones instintivas. A veces te agobia de improviso, como en la respuesta de «lucha, huida o parálisis». Cuando reconoces esta parte tuya y la aceptas, la incorporas de manera sana en la vida cotidiana.

Al igual que un caimán que flota en las aguas de un pantano o de un río, podemos aprovechar nuestras cualidades primigenias de observación y de expresión emocional mediante ejercicios sencillos de meditación. Ten en cuenta que al practicarlos con regularidad, estas cualidades se tornan más poderosas.

Busca un lugar donde no te interrumpan durante al menos veinte minutos y adopta una postura cómoda. Puedes hacer este ejercicio sentado, de pie o tendido en el suelo. Respira hondo varias veces, deja que los músculos de tu cuerpo se relajen. Fíjate en los dedos gordos de tus pies, en dónde se encuentran y en cómo los sientes en ese momento. Tal vez los sientas calientes o quizá los tengas embutidos en los zapatos. Repara simplemente en las sensaciones, sin rechazarlas ni aferrarte a ellas. Fíjate ahora en tus pies y haz lo mismo.

Lentamente, desplaza tu atención de los pies a la parte superior de tu cuerpo. ¿Qué sensaciones percibes en el proceso? Si surge alguna emoción, toma nota mentalmente, en especial de cómo se manifiesta en tu cuerpo. ¿Percibes una ligera ansiedad que brota de tu estómago? ¿Una cálida sensación de satisfacción en el plexo solar? ¿O impaciencia en forma de hormigueo en las manos y los pies? Nombra estas emociones mentalmente, sin sentir la necesidad de «mejorarlas» o «cambiarlas».

Cuando hayas terminado de hacer el ejercicio, enderézate poco a poco y estírate. Di una pequeña oración en silencio o en voz alta, dándole las gracias a tu antiguo yo instintivo por sus cualidades.

Oración para la energía del caimán

Caimán prehistórico y poderoso
que te deslizas por las aguas fértiles,
ayúdame a recuperar mi fuerza y mi poder,
guíame para que repare más en mis emociones
y sea un buen protector para los míos.

CAMALEÓN

Enseñanzas para recordar cuando te encuentres con camaleones

El camaleón despliega su medicina en el exterior de la forma más fascinante que podamos imaginar: cambiando de color, mimetizándose, escondiéndose y haciendo todo esto con una creatividad encantadora y una imaginación portentosa. Además de este increíble talento, algunas especies de camaleones proyectan su larguísima lengua a una velocidad vertiginosa para cazar insectos, y algunos

Animales relacionados: sepia, pulpo, rana arborícola del Pacífico, caballito de mar

Elemento: fuego

- Creativo
- Cambiable
- Perspicaz

tienen colas prensiles con las que se agarran a las ramas de los árboles mientras se mueven por el follaje. Pueden enfocar los ojos independientemente, lo que les permite ver dos cosas distintas a la vez. Esta colección asombrosa de cualidades hace que el camaleón sea una de las criaturas más extrañas de la Madre Naturaleza. Su sabiduría es realmente singular.

El camaleón se encuentra en el centro de la red alimentaria, siempre en busca de algo que comer y evitando a todas horas ser comido. Es un caso de supervivencia básica, pero ¡no significa que no pueda hacerlo de manera fabulosa! Satisfacer nuestras propias necesidades nos resulta a veces opresivo o tedioso. ¿Más arroz integral? ¿Otra sesión de ejercicio? ¿He de seguirme ciñendo al presupuesto? Pero podemos satisfacer nuestras necesidades de innumerables formas en lugar de sentirnos atrapados por ellas, y el camaleón nos enseña a ser originales. Podemos hacer todo tipo de cambios creativos en nuestra vida sacando la parte apasionada y creativa que llevamos dentro.

Para lograrlo tenemos que abrirnos a distintas formas de ver las cosas, entrar en nuestra rareza intrínseca, ensanchar nuestra perspectiva, ser flexibles, y aceptar la paradoja y el caos con curiosidad. Es fácil quedarnos atrapados en una manera de pensar o actuar. El secreto radica en que también es fácil dejar de estarlo. Contar un chiste inédito o crear un baile absurdo, jugar a un juego nuevo, todo esto cambia cómo percibimos el mundo, aunque sea por unos momentos. Lo más difícil es practicar el dejar de estar atrapados una y otra vez, y aplicar lo aprendido a cuestiones y problemas más importantes de nuestra vida. Esta es la medicina del camaleón. Invócalo cuando necesites cambiar las cosas, desmadrarte, hacer algo con resolución, y ver algo desde distintos puntos de vista al mismo tiempo.

Por último, la medicina del camaleón nos recuerda que no es necesario permanecer en la palestra todo el tiempo. Es agotador estar siempre expuesto a los demás, dar lo mejor de uno en todo momento. Escondernos no está bien visto, pero mimetizarnos un poco con el fondo nos da un respiro y nos protege por un tiempo. Así podemos contemplar la situación con más profundidad y tener nuevas percepciones. Además, distanciarte de este modo de la situación te permite avanzar sigilosamente hacia tus objetivos con un nuevo ropaje...

Plantéate estas preguntas

- ¿Te has sentido acorralado por las exigencias de la vida? ¿Puedes aceptar tu maravillosa rareza de un modo que te dé lo que necesitas a un nivel más profundo y conectado?
- ¿Necesitas cambiar algún antiguo punto de vista desfasado? ¿Puedes ensanchar tu visión?

- ¿Llevas siendo el foco de atención durante un tiempo? ¿Tienes que seguir en la palestra ahora? ¿Qué ocurriría si tomaras distancia para descansar, cargar pilas y planear tu siguiente intrépido movimiento?

Invoca al espíritu del camaleón

Los camaleones y otros reptiles son criaturas de fuego, significa que están conectados con la creatividad interior y la pasión que arde en nuestro corazón. Cambiar de colores es una poderosa metáfora para la creatividad. Si estás acostumbrado a ver una situación de una determinada manera, contempla cómo sería verla desde un punto de vista totalmente distinto. Si estás ocupado con un proyecto difícil que requiere un enfoque fresco, ponlo patas arriba. Pero para cambiar tu forma de verlo, tienes antes que cambiar tú. ¿Estás dispuesto a hacerlo?

Y si necesitas un descanso para renovar tu creatividad, deja de estar en la palestra. Desconecta de las redes sociales por un tiempo. Goza de un respiro meditando en casa o haciendo un retiro para cuidarte. Trabaja desde tu hogar y ve en chándal todo el día. Tanto si necesitas meditar en silencio para encontrarte a ti mismo o simplemente esconderte para cargar pilas ¡ve a por ello! Añade algo camaleónico a tu altar personal o a tu bolsa medicinal para que te recuerde que esconderte es una respuesta adaptativa importante.

Oración para la energía del camaleón

Colorido primo camaleón,
uno de los seres más creativos
de la Madre Tierra, ayúdame a
descubrir mis verdaderos colores y a ver
el mundo con una nueva luz.

CERDO

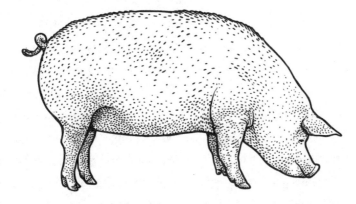

Animales relacionados: jabalí, cerdo montés, cerdo salvaje

Elemento: tierra

- Afectuoso
- Generoso
- Libre

Enseñanzas para recordar cuando te encuentres con cerdos

Los cerdos parecen tener una reputación contradictoria. Por un lado, la palabra denota a alguien sucio, desordenado, glotón, desaliñado o grosero. Pero por el otro, sabemos que los cerdos son animales sumamente inteligentes, sociables y afectuosos. Muchas personas los consideran tan maravillosos como los perros o los gatos. A los cerdos les gusta revolcarse en el lodo para refrescarse, ya que no sudan, y no les importa si está bien visto o no socialmente. Esta es la gran medicina de los cerdos: hacer lo que nos sienta bien y disfrutarlo a fondo.

Un cerdo feliz irradia satisfacción y ganas de vivir, disfruta de la pura belleza de estar vivo en un cuerpo físico, aquí y ahora. Gozar del momento es una de las mayores lecciones del mundo natural, y en particular de los animales. Como son seres emocionales y forman vínculos estrechos con otros cerdos, al igual que los humanos, es fácil verlos como un modelo para esta poderosa enseñanza. Cuando un cerdo está holgazaneando felizmente bajo el sol, vemos y sentimos la dicha dulce y apacible del momento presente tal como lo expresa con el cuerpo. Vivir el presente ha sido siempre una lucha para los humanos, incluso después de miles de años de enseñanzas espirituales y filosóficas.

Vivimos en el momento presente. No hay forma de evitarlo, nuestro cuerpo solo vive en el aquí y el ahora. Sin embargo, nuestra mente narradora de relatos no cesa de tejer historias sobre el pasado (recuerdos y remordimientos), y sobre el futuro (fantasías y ansiedades) de un modo que es tanto una virtud increíble como una terrible maldición. Es una virtud porque al tener la mente el asombroso poder de viajar en el tiempo, hemos podido proyectar en nuestros sueños obras arquitectónicas, narrativas y creaciones artísticas extraordinarias a lo largo de los siglos. También nos beneficiamos de los conocimientos acumulados por los que hace ya mucho abandonaron este mundo. Y es también una maldición porque a no ser que veamos que la mente simplemente nos narra relatos, nos apegaremos a ellos como si fueran la realidad, y esto nos hará sufrir. La mente se vuelve adicta al sufrimiento y perpetúa el ciclo de evitar el presente y creer en acuerdos y relatos erróneos.

Los cerdos nos enseñan a gozar del presente, sobre todo cuando la vida nos sonríe. La ansiedad y los remordimientos nos impiden disfrutar de él. Por ejemplo, alguien con un trastorno agudo de ansiedad se pierde un buen momento en un instante al pensar ansiosamente en lo que le ocurrió en el pasado o en lo que le sucederá en el futuro. Un hermoso día soleado se transforma en pánico por si sufre una insolación o un cáncer de piel. O el regalo de un ser amado se transforma en un remordimiento agobiante por haberse olvidado de su cumpleaños hace cuatro años. Los cerdos son aliados poderosos para quienes están aprendiendo a pensar y actuar con mayor libertad, para disfrutar más el momento.

A los cerdos se los asocia con la glotonería. Pero esto es solo un aspecto desafortunado.

Todos podemos disfrutar del momento y agradecer lo que tenemos. En realidad, la alegría es la manera adecuada de celebrar las buenas noticias y la abundancia, y nos mantiene conectados a lo que nos alimenta y sustenta.

Plantéate estas preguntas

- ¿Piensas demasiado en el pasado... o en el futuro? ¿Qué puedes hacer para vivir el presente?
- ¿Qué te gusta más de tu día a día?
- ¿Qué sucede cuando abordas a la gente con la que te encuentras con una actitud amistosa?
- ¿Das las gracias cuando te sientes saciado? ¿O te sientes culpable o preocupado por ello?

Invoca al espíritu del cerdo

Los seres humanos disfrutamos de la buena comida, y una forma estupenda de establecer una conexión con las enseñanzas que nos ofrece el cerdo relacionadas con el momento presente y la abundancia, es cocinar y compartir una comida deliciosa con los demás.

Esta comida podría ser cualquier plato que te guste. Mientras organizas tu festín, piensa en qué alimentos te llenarán más de agradecimiento por la abundancia del planeta Tierra. Si tienes tiempo y energía, prepara tu plato con alimentos en su forma más próxima a su origen. El tiempo y la energía que inviertas en elaborarlo le conferirá significancia a tu festín.

El aroma a pan recién horneado nos lleva al momento presente. Las verduras, la fruta y los cereales frescos nos hablan de la riqueza de la tierra, al igual que el agua fresca y pura. Si hace buen tiempo, comer al aire libre sobre una manta o ante una mesa de picnic es una experiencia maravillosa. Pasar un tiempo preparando la comida y disfrutarla con los tuyos te alimenta el cuerpo y el alma.

Antes, durante, o después de la comida, puedes hacer una pausa para agradecer no solo el alimento, sino también para darle las gracias al planeta que te la ha ofrecido, y a las personas cuyo trabajo la ha hecho posible. Después de disfrutar del maravilloso festín, puedes dedicar un tiempo a gozar, lleno de satisfacción, del momento presente.

Oración para la energía del cerdo

Dulce cerdo que me muestras el camino a
la satisfacción y la abundancia con tu
ser afectuoso y alegre, ayúdame a
vivir el presente y a agradecerlo.
Enséñame a apreciar la generosidad
de la gran Madre Tierra.

CIERVO

Enseñanzas para recordar cuando te encuentres con ciervos

Los ciervos tienen algo mágico. Su donaire nos ha inspirado a lo largo de siglos, y un ciervo majestuoso con una gran cornamenta ha sido considerado durante mucho tiempo un símbolo de nobleza y fuerza. La ligereza con la que caminan por el bosque o por los campos abiertos evoca la belleza, la danza y la libertad.

Toparnos con un grupo de ciervos en el bosque es como tropezarnos con una época atemporal en la que solo se oye el viento soplando entre los árboles y el silencioso crujido de las hojas bajo nuestros pies. La presencia del

Ver también: caballo

Animales relacionados: antílope, ciervo canadiense, alce, reno

Elemento: tierra

- Rápido y elegante
- Transformador
- Consciente

ciervo se manifiesta al sintonizar nuestra energía con la suya. Es un momento sagrado muy valioso, ya que este silencio natural se rompe fácilmente, pues los ciervos se asustan con facilidad. Nos convertimos en ciervos al sumergirnos sin darnos cuenta en la conciencia silenciosa de nuestro cuerpo y en todo lo que nuestros sentidos captan en el mundo que nos rodea. De este modo, los encuentros con ciervos son momentos de mindfulness. Los ciervos no hacen ruido, y no solo nos miran moviendo las orejas, sino que todos sus sentidos sintonizan con el momento. Y, de repente, en respuesta a alguna sabiduría interior, o al más leve crujido de una rama partiéndose, desaparecen sobresaltados, veloces y raudos.

Todos los ciervos macho tienen cornamenta, y en algunas especies las hembras también la tienen. Cada año los ciervos pierden algunos cuernos para que les crezca una cornamenta más grande. Nosotros también tenemos que despejar el espacio para que entre lo nuevo. Y la medicina de los ciervos nos recuerda que podemos desprendernos de lo viejo para fomentar un nuevo crecimiento o para adquirir nuevas cualidades.

Plantéate estas preguntas

- ¿Cómo puedes conectar con una conciencia atemporal? ¿Puedes cultivar en tu vida un silencio elegante?
- ¿Cuándo fue la última vez que reorganizaste tu espacio vital y te desprendiste de lo viejo para hacer espacio a una energía nueva?
- ¿Puedes desplazarte a lo largo del día con la atenta presencia de un ciervo? ¿Qué significa viajar ligero y raudo a nivel energético?

Invoca al espíritu del ciervo

La población de ciervos es tan grande en algunas zonas que irritan a los habitantes del lugar al mordisquear la vegetación de los jardines y destruir las plantas. Los ciervos también captan el peligro, aunque abandonan algunos de sus instintos protectores cuando hay pocos depredadores en el entorno, por lo que es más fácil pasar un rato en su compañía. Pero para verlos tendrás que salir de tu ambiente habitual y adentrarte probablemente en el bosque, caminando con sigilo y silencio, prestando gran atención. Sé un cazador contemplativo, lo que buscas no es cobrar una pieza para alimentar a tu familia, sino cazar belleza, silencio y elegancia. Cazar magia es lo que anhelas, vas en busca de un momento eterno en el que tu conciencia se ensancha, llevando el bosque entero en tu corazón.

Oración para la energía del ciervo

Ayúdame a ser tan ligero, veloz
y raudo como el viento, tan lleno de alegría
y con un donaire tan inigualable
como el de la silenciosa cierva, tan noble
como un ciervo con cornamenta esperando
tras los árboles, mirándome mientras
inclino la cabeza al pasar.

CIGARRA

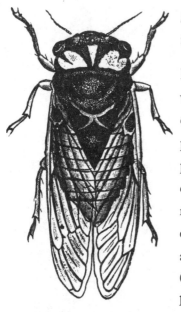

Enseñanzas para recordar cuando te encuentres con cigarras

El canto de las cigarras suena todo el verano y su monótono chirriar resuena durante las noches cálidas. Algunas especies tienen ciclos vitales en los que permanecen bajo tierra de dieciséis a dieciocho años por increíble que parezca, en cambio otras se transforman en su forma alada cacofónica una vez al año. La literatura antigua de Grecia y China habla de la sinfonía estival de las cigarras que hacen vibrar los timbales, dos órganos especiales que emiten el sonido característico propio de los machos. Para amplificarlo usan sus abdómenes huecos, difundiendo su canto por vecindarios y bosques.

Animales relacionados: grillo, saltamontes

Elementos: aire y tierra

- Ruidosa
- Paciente
- Transformadora

Una cigarra macho solo tiene un corto espacio de tiempo para atraer la atención de una hembra. Por eso cuando llega el momento necesita hacerse escuchar para perpetuar la especie. Los seres humanos también necesitamos que nos escuchen. Las cigarras nos enseñan que si desarrollamos nuestra creatividad al ritmo que más nos convenga, cuando llegue el momento será una alegría, y responsabilidad nuestra, amplificar nuestro intento y nuestra singularidad.

Algunas especies de cigarras se pasan casi toda la vida bajo tierra antes de salir al exterior para emitir sus cantos, atraer a su pareja y morir. A veces, para realizar el propósito de nuestra vida tenemos que pasar un tiempo en la oscuridad, rodeados de la reafirmante presencia de la tierra sustentadora y fértil. Hay innumerables historias de artistas, pensadores, científicos y otras personas cuyo «desarrollo es tardío» que se dedicaron con pasión a fomentar sus talentos en privado antes de expresarlos en público.

Si has crecido en una región con cigarras que acuden a la cita anual, ya conocerás sus hábitos de muda. Abandonan su viejo exoesqueleto al pasar a la adultez. Los frágiles caparazones pegados a los troncos de los árboles están por todas partes en verano, esperando a que los niños, maravillados, los recojan fascinados al verlos, al igual que algunos pocos adultos en busca del talismán procedente de un animal de poder. Estos caparazones fantasmagóricos son símbolos potentes de regeneración y renacimiento, nos recuerdan lo poderoso que es abandonar lo viejo para transformarnos y expresarnos de una nueva forma.

Plantéate estas preguntas

- Tu voz representa tu cualidad única, el don que tú y solo tú compartes con el mundo. ¿La compartes?
- ¿Qué aspecto de tu vida se podría beneficiar del espíritu de la regeneración? ¿Qué puedes abandonar o soltar para hacerle espacio a una nueva vida?
- ¿Hay algo en tu vida cuyo fruto estés impaciente por ver, aunque le convenga seguir en hibernación? Contempla si tener paciencia en este sentido te traerá un resultado más satisfactorio.

Invoca al espíritu de la cigarra

Los músicos y los amantes de la música cuentan con un amigo: la cigarra. Su hipnótico e incesante canto puede ser tan estridente como un concierto de rock. Busca las mudas abandonadas de las cigarras en los troncos de los árboles y colócalas en tu altar personal o en alguna otra zona por la que pases a diario. Te recordarán la poderosa energía de los lentos procesos del renacimiento y la regeneración.

Si te atrae el poderoso espíritu de la cigarra, pasa un tiempo escuchando su canto y meditando sobre cómo puedes aprender a amplificar tu voz en el mundo. ¿Aumentando tu red de contactos laborales? ¿Encontrando más alternativas para compartir tu trabajo? ¿De qué necesitas desprenderte para entrar en un nuevo capítulo transformador en tu vida?

Oración para la energía de la cigarra

Los robles de verano retienen
fragmentos papiráceos del pasado en sus ramas,
llenas de vida con el incesante canto que dice:
hoy, en este lugar, la cigarra
llena su voz con todo lo que tiene.
Enséñame, cigarra, a hacer lo mismo.

CISNE

Enseñanzas para recordar cuando te encuentres con cisnes

Los cisnes poseen por naturaleza una belleza y una elegancia salvaje tan extraordinarias que nos han cautivado durante siglos y ocupan un lugar central en la mitología y los relatos espirituales en la antigua Grecia, Irlanda, Escandinavia y en los Vedas, la base de la religión védica. Sus movimientos sueltos y naturales son afines a la divinidad y la capacidad de moverse entre mundos. Los cisnes se emparejan de por vida y esto se ha convertido en un símbolo del amor. Si relacionamos estas dos cualidades de la divinidad y el emparejamiento, descubrimos una sabiduría más profunda. La elegancia del cisne representa un ser que ha alcanzado un cierto nivel de plenitud del yo; es decir, una persona que se ha unido de por vida a su naturaleza más verdadera. Todos ansiamos mantener una auténtica conexión y relaciones profundas, y vincularnos con distintas personas a lo largo de la vida es una de las mayores satisfacciones de ser humano. Pero el cisne también encarna la idea de unirnos con nuestro yo auténtico. ¡Nos convertimos en nuestra alma gemela!

Mucha gente conoce el cuento de *El patito feo* de Hans Christian Andersen, en el que un patito desgarbado descubre al crecer que en realidad es un bello cisne. A mí me parece que esta fábula trata en muchos sentidos sobre los acuerdos que establecemos influidos por la sociedad mientras crecemos. De pequeño, el patito oye que es demasiado grande y raro, y que no es como un pato «real». Asume estas ideas en su sistema de creencias. De pequeños nosotros también podemos oír que somos demasiado ruidosos, demasiado raros, demasiado altos o que nuestros sueños son demasiado grandes para alcanzarlos. Inconscientemente, aceptamos estas ideas y llegamos a creer que son ciertas, cuando la verdad es que nuestro yo auténtico es lo suficientemente bueno tal como es. Al dedicarnos a desentrañar nuestros acuerdos y enfrentarnos a ellos, vemos que en realidad todos somos cisnes.

Plantéate estas preguntas

- ¿Cómo puedes cultivar una mayor elegancia en tu vida? ¿Qué actividades físicas desearías probar, como el yoga, el baile o el quigong, para conseguirla?
- ¿Tienes alguna alma gemela en tu vida? No es necesario que sea tu pareja sentimental, podría ser un amigo o un familiar con quien establezcas una conexión profunda.
- ¿Crees ser el alma gemela de tu yo verdadero interior?

Invoca al espíritu del cisne

Todos deseamos que haya más elegancia en nuestra vida. La elegancia significa muchas cosas: coordinación física, bondad innata, o una divinidad que siempre está presente. Para establecer una conexión con el espíritu del cisne, en especial con sus enseñanzas sobre el yo verdadero interior, piensa en estas distintas definiciones de la elegancia, en cómo quizá ya las encarnas a diario, y en cómo potenciar estas cualidades en mayor grado. La elegancia natural surge de una confianza y una conexión muy profundas con el yo interior. La elegancia es algo instintivo en muchos animales salvajes porque no se dedican a las autocríticas a las que nosotros nos entregamos a diario. Su naturaleza salvaje les conecta profundamente con su ser físico, con la tierra. Mientras intentas descubrir cómo encarnar la elegancia en tu vida, invoca al espíritu del bello cisne lleno de elegancia para que te ayude.

Oración para la energía del cisne

Amigo cisne, imbuido de elegancia salvaje,
ayúdame a ser el alma gemela de
mi yo auténtico más interior. Enséñame
a dejar que mi ser verdadero brille como un gran faro
para irradiar luz y ofrecer
bondad, fuerza y belleza allí donde yo vaya.

COLIBRÍ

Enseñanzas para recordar cuando te encuentres con colibrís

Los colibrís revolotean como joyas voladoras, se detienen en el aire, planean e incluso vuelan hacia atrás. Su vistoso plumaje iridiscente es como el reflejo de un arco iris. Los pigmentos de su plumaje, brillantes y relucientes, su velocidad y su agilidad hacen que parezcan seres sobrenaturales, como si los duendes y las hadas vinieran a visitarnos. Al ver un colibrí nos quedamos quietos y maravillados. Es como si el tiempo se detuviera de pronto en un delicioso presente encantado. Los colibrís se alimentan sobre todo de insectos, pero siempre están en movimiento, buscando el dulce néctar que sustenta sus increíbles estallidos de energía, lo que les permite mover las alas con tanta rapidez que el ojo humano no alcanza a percibir los ciclos completos del movimiento. Su extraordinario metabolismo les permite transformar el néctar en energía al instante.

Los colibrís nos enseñan a libar de las reservas energéticas de creatividad, color y alegría que se encuentran a nuestro alrededor. Cuando

Ver también: libélula, mariposa, pavo real

Animales relacionados: maluro espléndido, estornino, golondrina

Elemento: aire

- Vigorozo
- Expresivo
- Vivificante

caemos en la rutina diaria y nos sentimos agobiados por nuestras responsabilidades, estos pájaros nos recuerdan los beneficios de actuar con rapidez y ligereza y con un propósito definido. Al invocar al poderoso espíritu del colibrí, revitalizas y renuevas tu vida con una energía luminosa y vivaz. Además, esta energía es contagiosa y hace que los demás se sientan atraídos por ti como si fueras una joya reluciente.

Plantéate estas preguntas

- ¿Qué parte de tu vida puedes exponer hoy al sol para verla brillar en toda su diversidad, luminosidad y colorido?
- ¿A dónde puedes ir para encontrar la dulzura más accesible en este momento, los revitalizantes estallidos de inspiración que necesitas para llevar tu creatividad al siguiente nivel?

Invoca al espíritu del colibrí

Tal vez el jardín de tu hogar ya esté preparado para atraer a los colibrís, o puede que conozcas a alguien que lo ha hecho. Si no es así, dispón un comedero en el jardín o siembra plantas que atraigan a las mariposas y los colibrís. Cuando vengan a visitarte, haz una pausa y dedícate a observarlos mientras dure la visita.

Otra manera de invocar al espíritu vital y vigorozo del colibrí en tu vida es buscar algún modo de enriquecer tu jornada con color, luz, sonidos, obras de arte o cualquier otra cosa que te anime y te haga mover un poco más deprisa. Como es fácil caer en la rutina, plantéate gozar de lo que Julia Cameron, una escritora experta en creatividad, llama una «cita artística». Visita un museo, asiste a un concierto que se celebra en un lugar inusual, o pasea simplemente por una zona que no suelas visitar. Al salir de tu rutina, te sentirás vigorizado e inspirado para afrontar tus proyectos con la energía renovada. Otra forma de materializar el poder del colibrí es mediante tu vestuario, tus joyas o tus complementos, o de todos estos elementos a la vez. Llevar pequeñas piezas que reflejen la luz, brillen o resalten por sus vivos colores te alegrará el día e inspirará a los que te rodean.

Oración para la energía del colibrí

Joya reluciente, hermano colibrí que bailas
en el aire como un diamante resplandeciente,
ayúdame a traer luz, frescor, aire, alegría y color
al hogar de mi corazón para gozar de energía
renovada, de pasión y de chispa creativa en mi vida.

CONEJO

Ver también: coyote, cuervo, zorro, araña

Animales relacionados: liebre, ratón, liebre silbadora, rata

Elemento: tierra

- Listo
- Fértil
- Discreto

Enseñanzas para recordar cuando te encuentres con conejos

Las conejas se cuentan entre los mamíferos más fértiles del planeta. Paren cinco veces al año, por eso hay conejos en el mundo entero. Como están tan extendidos, tal vez sea esta la razón por la que las enseñanzas de los conejos comparten similitudes importantes en muchas culturas. Son astutos embaucadores. Y, al mismo tiempo, son los guardianes de la inmortalidad, el placer sexual y la fecundidad, y además mantienen una relación especial con la luna. En Japón, el conejo que vive en la luna hace unos pasteles en forma de luna llamados *mochi*. La luna y el conejo reflejan la naturaleza cíclica del tiempo, la fertilidad y la clase de renovación infinita que connota la inmortalidad.

En muchos relatos de los indios americanos, el conejo es un embaucador tan listo como el cuervo, el coyote y la araña, pero es el único animal de presa que tiene esta virtud. La especialidad del conejo como animal pequeño es darle la vuelta a la situación y burlar a depredadores más grandes como el lince, la nutria y el puma. Aunque no siempre gana en esos enfrentamientos, y a veces es humillado o devorado. Por suerte, siempre están naciendo más conejos. Otras historias, como las de Pedrito Conejo y el Conejo Brer, muestran esta capacidad de engañar a otros animales más grandes y fuertes en un contexto más apacible, con personajes tiernos, peludos y danzarines que se meten en aprietos que la mayoría de las veces no comportan peligro alguno, y además salen airosos de la situación.

El conejo sabe esconderse de maravilla a plena vista. Pega sus orejas oscuras al cuerpo para pasar desapercibido, y su capacidad de quedarse paralizado al instante hace que sea casi imposible detectarlo hasta que huye en zigzag pegando grandes saltos. Las pisadas silenciosas y sutiles de los conejos comparten la lección de caminar con suavidad por nuestra propia seguridad y también por respeto al mundo natural.

La fértil energía del conejo resulta muy inspiradora tanto para quienes desean ampliar la familia, como para otros aspectos más sutiles de la fertilidad. Los conejos nos recuerdan que la creatividad y la productividad funcionan mejor en ciclos, al igual que las fases de la luna. Si estás buscando una abundancia que refleje el crecimiento demográfico del conejo, lo mejor es combinar tus acelerones de duro trabajo con periodos de descanso y recuperación, aprendiendo cosas nuevas o superando tus propios límites. De esta manera alcanzarás el ritmo natural y provechoso del conejo que conoce muy bien los resultados exponenciales.

Plantéate estas preguntas

- ¿Te has sentido demasiado pequeño o cohibido como para ocuparte de un gran problema o enfrentarte a un obstáculo en tu camino?

¿Y si gozaras de los astutos encantos de un conejo y pudieras darle la vuelta a la situación en tu beneficio?

- ¿Con qué prácticas puedes honrar tus ciclos naturales, ya sean físicos, emocionales o energéticos?

- ¿Qué podrías llevar a cabo esta semana guiado por el espíritu del fértil conejo?

Invoca al espíritu del conejo

Si alguna vez has pensado en el interés compuesto, probablemente ha sido en un contexto financiero o económico. Sin embargo, este tipo de interés también se da en cualquier proceso natural. Piensa en una avalancha que empieza como un pequeño deslizamiento y va ganando poder y fuerza hasta convertirse en un muro gigantesco de destrucción. La salud de un árbol nos proporciona otro ejemplo. Con cada año que pasa crece más y es más fuerte. Sus raíces profundizan más en el suelo, y aportan más recursos para producir más hojas. Las que a su vez captan más luz solar y promueven un crecimiento más potente. Los conejos de cualquier hábitat se establecen de la misma forma: una pareja de conejos se multiplica al poco tiempo en centenares.

Si estás intentando aumentar tu familia, montar un negocio, empezar un programa de formación, o si deseas atraer la abundancia y la productividad en tu vida, puedes añadir el talismán de un conejo a tu altar. Los conejos te recuerdan los grandes resultados compuestos procedentes de la repetición de pequeñas acciones a lo largo del tiempo. Una imagen o una estatuilla de piedra de un conejo te inspira a disfrutar del viaje, a saber cuándo avanzar y cuándo retroceder, sin olvidar nunca que todo ocurre en ciclos y estaciones.

Oración para la energía del conejo

Madre coneja que brincas en las sombras
bajo la luna, déjame seguir tus delicados
pasos, algunas veces sin ser visto, y otras bailando.
Te prometo mantener los ojos abiertos para
la abundancia mientras todo crece y mengua.

COYOTE

Enseñanzas para recordar cuando te encuentres con coyotes

El coyote, un animal de patas largas, orejas puntiagudas y cola peluda, ronda furtivamente a sus presas. En el continente americano el coyote (en lengua náhuatl *coyotl*) hace mucho que es uno de los animales de poder más sagrados. En ocasiones actúa como un viejo granuja, y en otras como un gran embaucador o un noble guerrero. El coyote mitológico desempeña un gran papel en muchos relatos de los indios americanos, en los que lleva el poder del fuego a los humanos y libera a los búfalos para que vaguen por las llanuras, entre otras hazañas.

Ver también: cuervo, zorro, conejo, araña, lobo

Animales relacionados: hiena, chacal

Elemento: tierra

- Sigiloso y astuto
- Cambiante
- Paradójico

Los coyotes son astutos y tienen fama de recurrir a todo tipo de «artimañas» para cazar y defenderse. Si acechan a una presa en manada, un coyote atrae juguetonamente al perro que está protegiendo un gallinero o un rebaño de ovejas para que el resto de la manada pueda actuar impunemente. Los coyotes también fingen estar heridos para engañar a los depredadores y alejarlos de la madriguera donde se encuentran sus vulnerables cachorros. Incluso se hacen los muertos para atraer a sus víctimas y zampárselas en cuanto estas se acercan a curiosear.

El coyote es un animal tan embaucador como el cuervo, la araña y el conejo. Pero su naturaleza cambiante es única. Es fácil ver por qué en los mitos y las leyendas se los describe como héroes y amigos de la gente en un determinado momento, y al siguiente como codiciosos, egoístas y malvados, o como sabios locos que siempre se están metiendo en problemas (o zafándose de ellos). En realidad, es una faceta esencial de la medicina del coyote: cuesta definirlos, se metamorfosean y tienen la habilidad y el deseo de cambiar. Vaya, constituyen una paradoja.

El psicólogo Carl Jung escribió que «la paradoja es uno de los bienes espirituales más valiosos», y afirmó que «solo las paradojas llegan a abarcar la vida en toda su amplitud». Esta es quizá la mayor lección del coyote y la más difícil de entender. Por naturaleza, en las paradojas se combinan dos o más elementos opuestos en una especie de tensión dinámica. Las paradojas no tienen sentido y no las entendemos racionalmente. Pero casi podemos sentirlas en nuestro cuerpo. Aunque estimulen nuestros conocimientos, nos resultan molestas. Las paradojas reflejan la verdad misma.

Los coyotes personifican la contradicción. Para los nativos del continente americano, antes de la llegada de los españoles, el coyote simbolizaba un poderoso guerrero. La historia del coyote refleja en cierto modo la historia de los conquistadores: los colonizadores decidieron que la fuerza de los «derrotados» debía verse a partir de entonces como traición, codicia y cobardía. En la actualidad, los coyotes son odiados y temidos por matar a los animales de granja y al ganado. Sin embargo, muchas personas los aman y admiran la belleza de un animal salvaje capaz de sobrevivir en nuestro medio. Receloso y curioso, en un momento es sigiloso e invisible, y al siguiente se muestra ruidoso, cuando con su bulliciosa manada aulla en medio de la noche.

El coyote, atemorizador e inofensivo a la vez tiene el poder de la verdad en forma de paradoja.

Plantéate estas preguntas

- ¿Has confrontado en un debate interior tus rasgos o impulsos contradictorios? ¿Ves las virtudes en tus defectos y los defectos en tus virtudes?
- ¿Prefieres tener razón o descubrir la verdad?
- ¿Algunas historias de tu vida han cambiado totalmente con el tiempo?

Invoca al espíritu del coyote

Advertencia: el coyote te sorprenderá e incluso te frustrará cuando le pidas ayuda o apoyo. Pero si te mantienes abierto y ves con sentido del humor esta medicina tan peculiar y cambiante, descubrirás que es especialmente potente.

La literatura está impregnada de paradojas. También están presentes en la ciencia, la mitología, la filosofía, las matemáticas y la espiritualidad. El hecho de que las veamos como anomalías cuando son tan universales, es en sí mismo una especie de paradoja. Una manera profunda de invocar al espíritu del coyote es ayudarse de una paradoja. Podría ser un símbolo como el nudo céltico, una imagen o un dibujo como los de M. C. Escher, o el texto de un acertijo o una adivinanza. O un koan zen; es decir, un acertijo sin respuesta, como «¿Qué sonido produce la palmada de una sola mano?» Medita por la mañana en silencio sobre tu paradoja un rato. Después, déjala estar. Si tienes un problema y estás buscando ayuda, invita al espíritu del coyote para que juguetee con este acertijo a lo largo del día en la trastienda de tu mente. Mientras te preparas para meterte en la cama, retoma la paradoja y vuelve a pensar en ella, viéndola desde un nuevo punto de vista o interpretándola de otra manera. Si lo deseas, puedes dejarla sobre el altar o dentro de tu bolsa medicinal para que te recuerde el poder extraordinario y desquiciante del coyote.

Oración para la energía del coyote

Hermano coyote, guerrero, loco y sabio,
invítame a tu mundo y ayúdame
a ver la paradoja en todo. Llévame,
con una sonrisa astuta y un meneo de tu cola,
a conocer la verdad incognoscible.

CUERVO

Enseñanzas para recordar cuando te encuentres con cuervos

Posado en una rama o en un cable del tendido eléctrico, la silueta negra y brillante de un cuervo se recorta contra el cielo. La visita de estos pájaros tan inteligentes, con sus ojos de mirada penetrante y sagaces, sus graznidos característicos, sus acrobacias aéreas y sus gorjeos, representa una ocasión especial. Los cuervos, conocidos por resolver problemas y por su curiosidad, dotados de un toque de inteligencia pícara, nos sugieren percepciones interiores, recuerdos y el poder de lo desconocido.

Ver también: coyote, zorro, conejo, araña

Animales relacionados: mirlo, grajo bronceado, grajilla, urraca, loro, cuervo grande

Elemento: aire

- Listo y curioso
- Inteligente
- Sanador

En ocasiones, se los asocia con la oscuridad, la muerte o la guerra, en especial como mensajeros, como en el famoso poema de Edgar Allan Poe titulado «El cuervo». Sin embargo, como ocurre tantas veces en la medicina de los animales, lo opuesto también es cierto. La medicina del cuervo puede aportar sanación y energía mágica a nuestra vida.

Los pájaros, como seres del aire en la rueda medicinal, están relacionados con la mente. Los cuervos y los cuervos grandes pertenecen a la familia *Corvidae* y están dotados de una inteligencia excepcional. Se cuentan entre los pocos animales que convierten una rama en un utensilio para conseguir comida o para jugar. Odín, un dios de la mitología escandinava, tenía a dos cuervos de compañeros. Se llamaban Pensamiento y Memoria, y le susurraban al oído información importante. Y en varias culturas de los indios del noroeste de norteamérica, el cuervo grande es una figura lista y embaucadora, el creador de la Tierra. En algunas historias, el cuervo colocó el sol, la luna y las estrellas en el firmamento, y fue quien robó el fuego del firmamento para ayudar a los habitantes de la Tierra a calentarse en invierno y a cocinar la comida.

Los cuervos son conocidos por su excelente memoria, reconocen a otros cuervos de su comunidad, usan herramientas, y trabajan juntos para buscar y conseguir comida. Pasar un rato observando cuervos es muy gratificante. Son pájaros vivaces a los que se les puede ver trabajando para encontrar soluciones a cualquier obstáculo con el que se topen. En algunas ocasiones, también parecen estar observándonos a su vez, llenos de curiosidad por quien los está contemplando. Y se sabe que los cuervos grandes llevan «regalos», como clips brillantes o trozos de cordel, a los humanos con los que se relacionan. Al igual que otros animales que usan herramientas, su autoconciencia es fascinante. Y, sin embargo, son tan distintos a nosotros. Los cuervos y los cuervos grandes nos muestran que cuando aplicamos nuestras habilidades creativas para resolver problemas, podemos alcanzar cosas que creíamos imposibles.

Si bien hay muchas referencias a los cuervos y los cuervos grandes como símbolos de la oscuridad, al observarlos en el medio natural descubrimos su verdadera naturaleza. Despreocupados y dinámicos, abordan los problemas con diligencia y creatividad, y emplean medios inesperados y confían en los otros cuervos de su comunidad. Los córvidos encarnan el pensamiento «fuera de la caja» (no convencional) y pueden aportarnos descubrimientos intuitivos y la sanación de un reino invisible.

Plantéate estas preguntas

- ¿Qué problema grave de tu vida se podría beneficiar de la actitud despreocupada y curiosa de los cuervos?
- ¿Has tenido algún encuentro especial con un cuervo o un cuervo grande? Si es así, ¿tuviste alguna visión intuitiva especial o algún pensamiento original en ese momento?

Invoca al espíritu del cuervo

Los córvidos recuerdan una cantidad increíble de cosas, como los rostros de humanos y animales, los cuervos de su comunidad, dónde han escondido la comida y muchas más cosas. Para invocar al espíritu de este aliado inteligente, despreocupado y embaucador, ejercita tu cerebro con juegos o rompecabezas para potenciar la memoria.

La próxima vez que te sientas abrumado por un problema, piensa en la naturaleza ingeniosa de los cuervos, las grajillas, los grajos y los cuervos grandes. Una de las grandes enseñanzas de un embaucador es la importancia de no tomarnos demasiado en serio a nosotros mismos. Los embaucadores suelen meterse en problemas, pero siempre se sacuden el polvo de encima y siguen adelante. Intenta pensar en tu problema de otra manera. Dale la vuelta o descomponlo en partes. ¿Cómo lo resolverías si tuvieras distintas herramientas a tu disposición?

Oración para la energía del cuervo

Hermano cuervo, brillante y listo,
ingenioso, memorioso y risueño. Ayúdame a pensar
en mi problema de otro modo, a ver lo que no estoy viendo,
y a resolver con mi mente lo que mis manos no pueden resolver.

DELFÍN

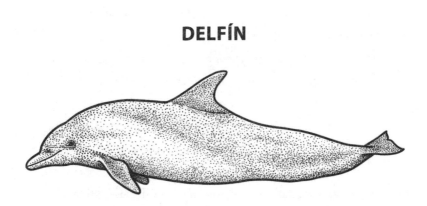

Ver también: nutria, foca, ballena

Animales relacionados: manatí, león marino

Elemento: agua

- Alegre
- Libre
- Comunicador y gregario

Enseñanzas para recordar cuando te encuentres con delfines

Cada vez que voy al mar oteo la superficie marina en busca de delfines. Y cuando veo una aleta que emerge de pronto del mar y se vuelve a sumergir, siento una potente descarga de dicha. Los delfines constituyen un símbolo de buena suerte y de alegría desde tiempos remotos, y están representados en el arte y en la mitología de la antigüedad. Los delfines, además de ser juguetones, curiosos y amistosos, ayudan a otros delfines de su comunidad, y a animales enfermos, heridos o en peligro, y también a seres humanos.

Disfrutan como locos siguiendo a las embarcaciones con las que se cruzan, saltando fuera del agua y jugando con otros delfines. Solo de verlos ya se nos levanta el ánimo, por más mal que nos sintamos. Sus ganas de vivir son intensas y contagiosas, y verlos siempre nos hace sonreír. En realidad, los delfines son animales gregarios que establecen fuertes vínculos emocionales desde el momento de nacer. Viven toda la vida en sofisticados grupos sociales. Al ser capaces de comunicarse mediante una gran variedad de vocalizaciones, mantienen relaciones muy estrechas con su comunidad. Incluso cada uno tiene un nombre distinto.

Los delfines se encuentran en el cuadrante del agua de la rueda medicinal, el reino del verano, la adolescencia y las emociones. Desde una edad temprana, muchas personas son sometidas a una domesticación emocional estricta, cuando los apremian con expresiones como: «contrólate», «tranquilízate» o «eres inaguantable». En la adolescencia, viven una abrumadora montaña rusa emocional por la influencia de las hormonas y el desarrollo cerebral. Estos adolescentes pueden llegar a sufrir mucho cuando sus sentimientos entran en conflicto con los mensajes de la sociedad que nos dicen cómo deberíamos sentirnos y comportarnos.

La medicina de los delfines nos recuerda que podemos expresar plenamente nuestras auténticas emociones, máxime si sabemos que los sentimientos fluyen continuamente como el agua, y que lo que sentimos hoy no será mañana más que un recuerdo o una lección si no nos aferramos a ello. Ríe a carcajadas, nos dice el delfín. Llora en un lugar donde te sientas seguro. Tu cuerpo animal simplemente está experimentando una emoción. A mí me gusta creer que los delfines, si tuvieran la oportunidad, nunca se comportarían como nosotros, que ocultamos en los medios sociales nuestros peores momentos y mostramos solo los mejores aspectos de nuestra vida.

Los delfines disfrutan del fluir de la vida y no esconden su dolor o su alegría. Cultivan una enriquecedora libertad interior, saltando y jugando, protegiendo a los suyos y manteniendo una estrecha relación con los miembros de su grupo. Cuando dejamos fluir las emociones, también las podemos abandonar cuando ya no las necesitemos. Reprimirlas solo las agudiza y prolonga de manera poco sana. Aprender a entender nuestros verdaderos sentimientos, expresarlos y dejarlos ir al final en lugar de ocultarlos, es uno de los primeros pasos esenciales hacia la libertad interior.

Plantéate estas preguntas

- ¿Qué te produce dicha en este momento? ¿Cómo puedes expresarla a los demás?
- ¿Hay algún aspecto de tu vida que se pueda beneficiar de una mejor comunicación?
- ¿Qué emociones tiendes a reprimir? ¿Ocultas tu rabia y tu frustración? ¿Silencias tu goce y tu pasión? ¿Y qué hay de la tristeza? ¿Qué ocurriría si no reprimieras ninguna emoción?

Invoca al espíritu del delfín

Para que el juguetón espíritu del delfín entre en tu vida, podrías escribir un diario sobre cómo procesas tus emociones. Hurga en tus domesticaciones: en los mensajes y las lecciones (a menudo de parientes o profesores bien intencionados) que aprendiste cuando eras más joven sobre las emociones. Piensa hasta qué punto sigues creyendo hoy en esas domesticaciones, y en cómo te impiden expresar tus emociones. Invoca a la sabiduría de los delfines para que te apoye mientras te dedicas a la intensa tarea de escribir un diario y hacer un inventario personal, y también antes y después de llevarlo a cabo.

Oración para la energía del delfín

Delfín saltador, amigo y aliado en la alegría,
ayúdame a abrir mi corazón a la clase
de libertad interior que encarnas. Haz que mi corazón
sea libre como una flecha que atraviesa
las cristalinas aguas emocionales.

DRAGÓN DE KOMODO

Ver también: caimán

Animales relacionados: cocodrilo, dinosauro, monstruo de Gila, tegu gigante, goanna, lagarto monitor

Elemento: fuego

- Primitivo
- Imaginativo
- Ancestral

Enseñanzas para recordar cuando te encuentres con dragones de komodo

Los dragones de Komodo, los lagartos más grandes del planeta, pueden llegar a pesar hasta 70 kilos. Estos depredadores feroces están dotados de unos dientes que intimidan y de una larga lengua bífida. Su musculosa cola es tan larga como el resto del cuerpo. Tienen la piel cubierta de escamas acorazadas, y los científicos creen que su mordedura venenosa hace entrar en estado de shock a su presa, por lo que es incapaz de huir o de defenderse. Estos seres con un formidable instinto y una concentración mortífera nos recuerdan que nosotros también podemos usar nuestro propio instinto para afinar nuestra intención con una determinación poderosa.

Los dragones de Komodo de Indonesia son lo más parecido que existe a un dragón de carne y hueso en nuestro planeta. Lo único que les impide ser una leyenda es que no arrojan fuego por la boca ni tienen alas que les permitan volar.

Los dragones, en tanto que animales mitológicos, han fascinado a la humanidad durante siglos. Aunque siempre se representen poderosos, los relatos europeos los describen como seres malignos que arrojan fuego por la boca y que son guardianes de tesoros. Y en las tradiciones orientales los dragones tienen poderes auspiciosos sobre los elementos y son los portadores de la buena suerte y del éxito. Este libro trata de animales que pueblan en la actualidad el planeta, pero vale la pena considerar además el significado y el misterio de los animales mitológicos. La sabiduría del dragón puede transmitir el fuego creativo a nuestros proyectos y objetivos, o ayudarnos a guardar con ferocidad el tesoro de nuestra vida: las personas, las cosas y los ideales que consideramos sumamente valiosos y que merece la pena proteger a toda costa.

Los dragones de Komodo, los lagartos terrenales, están vinculados con un antiguo linaje evolutivo que nos recuerda a los dinosauros que vagaban por la Tierra mucho antes de nuestra aparición como especie. Los lagartos, al igual que las libélulas, las sepias y otros animales que han conservado su forma y sus funciones durante milenios, nos recuerdan que todos los seres vivos existen en un diminuto espacio de tiempo en un planeta antiquísimo. Pensar en los muchos millones de especies que han vivido en la Tierra y se han extinguido nos maravilla y nos llena de admiración. También nos da una perspectiva sana de lo insignificantes que en realidad somos, y de lo valiosa y pasajera que es nuestra vida. Meditar de este modo sobre el significado del tiempo profundo tiene el poder de inspirarnos y de concienciarnos de nuestra pequeñez.

Plantéate estas preguntas

- ¿Cómo puedes aplicar tu intuición y tu instinto a una situación o cuestión en la que no dejas de pensar?
- ¿Qué ventajas puedes obtener en este momento de una perspectiva más amplia?

- ¿Qué tesoros proteges y por qué? ¿Te aferras a algo que podrías dejar ir para proteger mejor otros tesoros?

Invoca al espíritu del dragón de Komodo

A niños y a adultos por igual les encanta darse un chapuzón en los reinos de la fantasía, la imaginación, la mitología y los cuentos de hadas. La popularidad de libros, películas y series televisivos como *El Señor de los Anillos* y *Juego de Tronos*, demuestra que los dragones continúan encendiendo nuestra chispa creativa colectiva. Una manera fabulosa de aprovechar esta energía es mediante la narración de relatos.

Los relatos son tan antiguos como la humanidad. Aunque las narraciones orales ya no sean nuestro mayor pasatiempo, a diferencia del pasado, los relatos siguen cautivándonos con su poder genuino. Quizá conozcas algunos de los podcasts más populares en los que se cuentan historias y hechos reales, como «The Moth», u otros eventos parecidos. Los podcasts, actos y festivales en los que se cuentan historias, nos ofrecen otro espacio para compartir este talento. Invoca al poderoso fuego creativo del dragón de Komodo y al de sus primos imaginarios y aprende más sobre el arte de contar historias, y dedícate a escuchar las que otras personas comparten.

Oración para la energía del dragón de Komodo

Poderoso dragón de Komodo, primo terrenal
de los grandes dragones mitológicos y legendarios,
lléname de inspiración y de ardiente iluminación,
de asombro, humildad y maravilla ante los vastos
espacios del tiempo, la inmensidad de la vida y la
asombrosa riqueza de la Madre Tierra.

ELEFANTE

Enseñanzas para recordar cuando te encuentres con elefantes

El elefante, gigante manso, protector robusto y veterano sabio, ha cautivado nuestra imaginación y nos ha inspirando respeto durante miles de años. Sus movimientos pausados, su aspecto firme y apacible de andar por el mundo representa emblemáticamente las virtudes de la dignidad y la fuerza interior. Los elefantes encarnan una gratificante paradoja: pese a su gran tamaño y al grosor de su piel, tienen un cuerpo muy sensible al contacto físico, a la presión y a las vibraciones. Con las plantas de las patas «escuchan» las vibraciones de otros elefantes y los temblores de las catástrofes naturales que tienen lugar a kilómetros de distancia. Su trompa prensil es una mina de oro sensorial, olfativa y táctil. En algunas tradiciones religiosas de Asia, los elefantes se veneran como dioses, como ocurre con Ganesha,

Ver también: ballena

Animales relacionados: manatí, rinoceronte, mamut lanudo

Elemento: tierra

- Bondadoso y empático
- Protector de la familia
- Digno y noble

la popular deidad hindú con cuerpo de hombre y cabeza de elefante. Los atributos de Ganesha son la sabiduría, la eliminación de obstáculos y los nuevos comienzos.

Los elefantes entablan vínculos sociales duraderos y se preocupan por los otros miembros de su grupo Protector de la familia. Al igual que los seres humanos, los delfines, los chimpancés y algunos otros animales, ayudan a sus amigos y a los miembros de su familia que están enfermos, y lloran la muerte de los seres queridos. Aunque sean agresivos en ciertas etapas de la vida o al protegerse o velar por sus crías, en general son juguetones y curiosos. La líder matriarcal de un grupo de elefantes, a menudo una abuela, es la detentora de un acervo inmenso de recuerdos y conocimientos. Recuerda los lugares donde hay comida y agua en distintas estaciones del año, y es la que toma, junto con los otros miembros del grupo, las decisiones importantes.

El mundo se beneficia sin duda de la bondad y la empatía de los elefantes. Y estos paquidermos nos recuerdan en la vida cotidiana que siempre podemos compartir momentos de amabilidad y apoyo con los demás. A veces, un abrazo o unos golpecitos en el hombro pueden aliviar mucho a alguien que esté sufriendo. La lección espiritual de la medicina de los elefantes es el cultivo de la empatía. La empatía se da cuando escuchamos con atención a otra persona y hacemos espacio para su verdad, al evocar en nuestra mente un recuerdo que nos hace establecer una conexión con otro ser, y al sentir a alguien con nuestro cuerpo físico. ¿Cuándo fue la última vez que escuchaste la historia de un amigo tuyo sin aprovecharte de la ocasión para contarle la tuya? Todos tenemos esta costumbre a veces, pero la próxima vez que escuches a alguien contarte los momentos difíciles que está viviendo, ten en cuenta la sabiduría del elefante, y deja que sepa que lo escuchas y apoyas sin esperar nada a cambio. Hazle preguntas discretas o simplemente sigue a su lado y permanece presente al cien por cien, con la fuerza y la bondad de un elefante.

Plantéate estas preguntas

- ¿Cómo puedes ser un poco más bondadoso en tu vida, en el mundo o en tu día a día? ¿Has tenido la oportunidad de escuchar a fondo a alguien?
- ¿Hay algún obstáculo en tu vida que puedas eliminar con un enfoque natural y bondadoso?
- ¿Cómo puedes ser más receptivo con tu cuerpo para comprender con mayor profundidad tu entorno y la conexión que tienes con los tuyos?

Invoca al espíritu del elefante

En nuestro mundo frenético podemos perder de vista manifestar a diario bondad y compasión. Los elefantes nos recuerdan que debemos afinar nuestras antenas y nuestra trompa exploradora, y descubrir los momentos de generosidad. Que podrían consistir en sonreírle a un desconocido o en preguntarle: «¿Cómo le va en estos tiempos tan difíciles?», y en escuchar realmente lo que te responde. Una amiga mía fue hace poco a comprar un café en uno de esos establecimientos donde te lo sirven en la ventanilla de tu coche. Y cuando se disponía a pagarlo, la cajera le dijo que el conductor del automóvil de delante ¡ya lo había pagado! Se quedó sorprendida, pero la cajera estaba acostumbrada a ver estos actos de generosidad de vez en cuando. Quizá tú también puedas ser el anónimo benefactor de alguien.

Estos pequeños gestos tal vez parezcan absurdos e insignificantes, pero producen un efecto en cadena y aumentan el grado de bondad en el mundo. Practicar la bondad, al igual que práticar a diario el agradecimiento, te fortalece el corazón y la mente, y potencia tu empatía al igual que la forma bondadosa de ser del elefante.

Oración para la energía del elefante

Abuela elefante, sabia y espiritual,
haz que este día sea un día bondadoso,
compasivo y sabio.
Guíame siempre con tus pasos
para que yo también camine por el mundo
cuidando de los demás.

ESCARABAJO

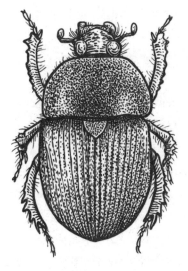

Enseñanzas para recordar cuando te encuentres con escarabajos

Si nos guiamos por las referencias mitológicas, el escarabajo pelotero es el más conocido de la antigüedad. Su nombre científico, *Scarabaeus sacer,* nos da una pista sobre su importancia: la palabra *sacer* significa en latín «sagrado» o «venerado». Para los egipcios de la antigüedad, Jepri, una deidad que renacía cada día como el nuevo sol, era representada por un escarabajo que empujaba al astro rey por el firmamento. De este modo, Jepri y el escarabajo que le representa son también un símbolo de la novedad, la creatividad, el devenir, el renacimiento y la regeneración. Y representan dejar la oscuridad para salir a la luz. El escarabajo también pertenece al elemento fuego, el elemento de la pasión y la creatividad. Era un símbolo tan popular en el antiguo Egipto que había innumerables amuletos, joyas y sellos administrativos con forma de escarabajo.

Animales relacionados: escarabajo joya, escarabajo de junio, mariquita, gorgojo

Elementos: tierra y fuego

- Regenerador
- Resuelto
- Creativo

Es curioso sentir tanta veneración por un insecto que se alimenta de excremento, pero los escarabajos peloteros son seres fascinantes. Pueden hacer rodar una pelota de excremento que pesa diez veces más que ellos, y son los únicos insectos que saben orientarse con la Vía Láctea. Si alguna vez has visto el vídeo de un escarabajo pelotero empujando una pelota de excrementos por un terreno accidentado y repleto de obstáculos, ¡habrás visto lo asombrosa que es su perseverancia! Y los escarabajos peloteros, como cualquier otro ser de la red de la vida, son vitales por el papel que desempeñan en el reciclado de desechos, la propagación de semillas y la reconstrucción de los suelos forestales.

Existen cerca de 400.000 especies de escarabajos en el mundo, y los escarabajos constituyen casi del 40 por ciento de los insectos conocidos y el 25 por ciento de toda forma conocida de vida animal del planeta. ¡Son muchos escarabajos! Componen una familia inmensa y diversa cuya variedad de colores y tamaños es extraordinaria. Algunos escarabajos poseen mandíbulas enormes que usan como armas, y otros están dotados de un inteligente sistema de camuflaje que los protege de los depredadores. Muchos escarabajos son negros o marrones para mimetizarse con la tierra, en cambio otros son chocantemente coloridos e iridiscentes. Todos tienen un duro caparazón que protege sus delicadas alas.

Plantéate estas preguntas

- ¿Hay algún aspecto de tu vida que puedas reciclar para obtener algo nuevo y sustentador?
- ¿Tienes algún proyecto a largo plazo que requiera determinación y perseverancia? ¿Qué te ayudaría a sacarlo adelante y finalizarlo?
- ¿De qué formas expresas tu singularidad en la vida cotidiana? ¿Qué puedes hacer para sentirte más libre de ser quien eres realmente?

Invoca al espíritu del escarabajo

Hay escarabajos por doquier y a menudo pasan desapercibidos. Dedica un tiempo a conocer las especies de escarabajos de tu zona. ¿Te atrae alguna en especial? Si es así, busca más información sobre ella y encuentra un lugar donde puedas observarlos un rato en medio de la naturaleza sin que nadie te interrumpa. Fíjate en cómo avanzan por el suelo sin desanimarse por los obstáculos que surgen en su camino. Si te atrae un escarabajo sagrado, puedes poner uno en tu altar o en tu bolsa medicinal, o llevar una alhaja en forma de escarabajo.

Otra manera de establecer una conexión con el espíritu del escarabajo es dándole la bienvenida al amanecer. Desde tiempos inmemoriales los seres humanos hemos sentido una conexión espiritual al levantarnos poco antes del alba para ver salir el sol en silencio, cautivados por la escena. Mientras sale el sol, puedes reflexionar si lo deseas sobre en quién te estás convirtiendo en ese momento, en ese día. ¿Qué sueños y esperanzas te quedan por alcanzar? ¿Qué promesas que te has hecho no has cumplido? El amanecer es el momento perfecto para evaluar tus sueños y objetivos, y para hacer planes para alcanzarlos.

Oración para la energía del escarabajo

Escarabajo sagrado, sol naciente,
ayúdame a manifestar la luminosidad
de mi interior. Elévame a lo nuevo.
Como el prisma que descompone la luz del sol, deja
que el fuego de la creatividad que hay en mí se
transforme en un millar de fragmentos de color y luz.

FOCA

Ver también: delfín, nutria, pingüino

Animales relacionados: elefante marino, león marino, morsa

Elemento: agua

- Amigable
- Creativa
- Graciosa

Enseñanzas para recordar cuando te encuentres con focas

Las focas han cautivado desde hace siglos la imaginación de quienes viven en la costa. Los inuits veneran a la diosa Sedna bajo la forma de una foca, y es además una madre diosa creadora y benevolente. En la tradición celta se cuentan historias sobre las selkie, un grupo de mujeres mitológicas que pueden cambiar de forma que se desprenden de su piel de foca para bailar en la orilla del mar bajo la luz de la luna. A los seres humanos nos atraen estos animales juguetones, lustrosos y graciosos con ojos oscuros y misteriosos. Las focas también se muestran amigables con nosotros y al verlas a lo lejos en el agua es muy posible entender por qué las podemos confundir con seres humanos. La capacidad humana de maravillarnos y la imaginación hacen que estas historias especiales de focas cobren vida.

El agua es el reino de las emociones y de una gran imaginación. Los mitos, los símbolos, los arquetipos, la poesía y el arte surgen de sus arremolinadas profundidades. La virtud de maravillarse va de la mano con el don de la imaginación. Los niños acceden a este reino fácilmente, buceando en historias imaginarias o disfrutando encogidos de miedo de un relato escalofriante o de la sorpresa cautivadora de una criatura extraña. De adultos, a veces olvidamos que cuando dejamos a un lado nuestra tendencia a la racionalidad y cultivamos tanto una sensación de maravilla como nuestra asombrosa capacidad imaginativa, siempre salimos ganando y no perdemos nunca nada. La sensación de maravilla y la imaginación se manifiestan como la expresión creativa que tantos buscamos después de todo.

Para bucear en las profundidades de los inmensos mares de la imaginación, conviene tener una actitud juguetona. Aunque la vida en ocasiones pueda ser peligrosa o nos desconcierte, también es *divertida*. La foca nos empuja a despertar con su hocico húmedo y nos recuerda que debemos explorar cualquier oportunidad de bucear en la imaginación emocional repleta de símbolos y llena de maravillas, saboreándola y disfrutando de ella.

Plantéate estas preguntas

- ¿Cuándo fue la última vez que experimentaste una sensación de maravilla y asombro? ¿Puedes intentar cultivarla hoy?
- ¿Qué historias fantásticas te encantaban de niño que puedes volver a leer hoy?
- ¿Te has sentido agobiado por el exceso de trabajo y por el sentido del deber? La próxima vez que te sientas abrumado, ¿puedes hacerle caso al mundo que te pide a gritos que te tomes un rato para relajarte y divertirte?

Invoca al espíritu de la foca

Quizá creas que te falta imaginación o que no eres creativo, pero lo más probable es que, simplemente, has estado reprimiendo estas facultades humanas naturales durante mucho tiempo. Como nuestra cultura nos dice que «dejemos de soñar despiertos» o que «seamos realistas», aceptamos estas exigencias como si fueran verdades, y reprimimos nuestra creatividad y nuestra capacidad de maravillarnos. La buena noticia es que la imaginación te espera fuera de tu rutina habitual. Está preparada para que la recuperes en cualquier momento mediante el juego y la exploración.

Una forma estupenda de estimular los músculos de tu imaginación es practicar el arte de soñar despierto. Puedes empezar este ejercicio con un pequeño ritual en el que invocas al espíritu de la juguetona foca para que te ayude. Soñar despierto es fácil y puedes hacerlo dondequiera y en cualquier momento. Pero para neutralizar las expectativas culturales que quizá te digan que estás «perdiendo el tiempo», lo ideal es reservarte un hueco especial para ello. Puedes llamarlo tu «momento de soñar despierto» del día.

Puedes empezar con algunas sugerencias divertidas, como imaginar qué sería ser tan pequeño como un ratón o tan grande como una montaña. También puedes intentar convertirte en uno de tus animales de poder para ver qué descubres. Nada con las focas, vuela con un águila, o ve a pasear por la sabana con los orgullosos leones o con una manada de elefantes… las posibilidades son infinitas.

Oración para la energía de la foca

Amiga foca, juguetona y lista,
ayúdame a recuperar mi capacidad de maravillarme,
y de jugar y de imaginar. Enséñame a
deslizarme por las, a veces, revueltas aguas
de mi yo emocional con desenvoltura.

GALLINA

Enseñanzas para recordar cuando te encuentres con gallinas

Las gallinas nos recuerdan el ruidoso cacareo del gallo, que asociamos con el inicio de un nuevo día. Los gallos cantan en muchos momentos del día por diversas razones, pero el canto matutino se ha convertido en un símbolo icónico del amanecer, un momento para despertar, cobrar vida y empezar las tareas de la jornada con una nueva mirada. La sabiduría de los animales en este caso es más metafórica que científica, pero es igual de importante para nuestro viaje personal.

Animales relacionados: gallina de Guinea, faisán, codorniz, gallo, pavo

Elementos: tierra, aire

- Optimista
- Innovadora
- Fértil

En tiempos pasados en Estados Unidos no era habitual verlas en los suburbios y en las ciudades. Pero hoy en día en algunos países las gallinas vuelven a ser muy populares. Tener un gallinero en el jardín de nuestro hogar puede ser una fuente de regalos prácticos y emocionales para los próximos años. Muchas personas crían gallinas para poder tener huevos frescos, y los huevos, como el canto del gallo, personifican lo nuevo.

A lo largo de la historia humana los huevos han constituido un poderoso símbolo de la totalidad, el renacimiento, los nuevos comienzos y la creación. Muchos mitos sobre la creación cuentan que el universo o el planeta surgieron de un ave enorme o de un huevo gigantesco. Los huevos forman parte de las celebraciones primaverales, una estación para la regeneración, la fertilidad y el crecimiento. Los pollos recién nacidos nos recuerdan la alegría y la fragilidad de una nueva vida.

Las gallinas se pasan la mayor parte del día picoteando la tierra en busca de insectos. La interpretación de la sabiduría de la rueda medicinal es que las gallinas poseen una inteligencia innata práctica. Son seres de aire/mente que se dedican a picotear la tierra. Estos animales nos recuerdan que debemos poner la mente a trabajar para perseguir diligentemente nuestros objetivos y avivar nuestras pasiones usando la fuerza muscular para alcanzar nuestros deseos más profundos.

Plantéate estas preguntas

- ¿Cuál es la siguiente acción física mínima que puedes llevar a cabo para alcanzar uno de tus objetivos?
- ¿Es ahora una época de renovación en tu vida? ¿Qué ocurriría si vieras algún aspecto de ti como un polluelo diminuto que aun no ha roto el cascarón? ¿Cómo alimentarías a este pequeño ser y aprovecharías el poder del renacimiento y la regeneración?
- ¿Qué te empuja a despertar?

Invoca al espíritu de la gallina

Esta ceremonia para limpiar el ambiente me la enseñó una de las curanderas más poderosas que he conocido: mi abuela. Me explicó que en la cosmología del cuerpo, la frente es como un gran cielo, el lugar donde vuelan las águilas. Y tiene sentido, porque la mente es la sede de la imaginación, y este espacio necesita estar limpio.

Sostén un huevo entre las manos. Puede ser del supermercado o de las gallinas de tu jardín, no importa. Cierra los ojos y respira hondo varias veces para serenarte y comprometerte a vivir el momento presente. Después, pásate con lentitud el huevo por la frente y las sienes con la intención de limpiar el espacio de la mente. Sea lo que sea lo que te venga a la cabeza, déjalo ir, como si soltaras un puñado de hojas al viento. Utiliza la respiración para centrarte en la autosanación, la apertura y la limpieza del espacio de tu mente cada vez que exhalas el aire de los pulmones. Para finalizar, sostén el huevo con las manos ahuecadas y siente que el aire en tu frente acaricia todos los lugares por los que te has pasado el huevo. Imagina que el aire absorbe las nubes o el humo y se los lleva.

Oración para la energía de la gallina

Cuando los gallos dan la bienvenida al amanecer,
por las enseñanzas de la gallina madre y los polluelos
recién salidos de un huevo tan redondo como el sol matutino,
le doy la bienvenida al nuevo día, a la nueva primavera y
a la aparición de grandes comienzos en mi vida,
mi corazón y mi espíritu.

GATO

Enseñanzas para recordar cuando te encuentres con gatos

Los gatos son el único felino domesticado del planeta que adoramos como mascotas y compañeros. Algunos investigadores creen que tanto los gatos como los perros se domesticaron a *sí mismos;* es decir, ciertos ejemplares se dieron cuenta de que disfrutaban colaborando con los seres humanos. A cambio de frotarse contra los humanos y de cazar ratones, recibían seguridad, calor, comida y afecto. Sin embargo, los gatos domésticos conservan parte de la naturaleza salvaje de sus primos felinos más grandes. Aunque dormitan la mayor parte del día, al oír un ruido o percibir un movimiento, entran al instante en el modo instintivo del leopardo, el jaguar o de cualquier otro gran felino cazador. No les supone ningún problema defenderse en el exterior y pueden sobrevivir cazando roedores, pájaros y lagartijas.

Ver también: jaguar, león

Animales relacionados: gato montés, puma, lince, ocelote, pantera, serval, tigre

Elemento: tierra

- Independiente
- Curioso
- Misterioso

La silenciosa dignidad, el orgullo distante y la elegancia excepcional de los gatos cautiva nuestra imaginación desde hace mucho tiempo. Tienen fama de caer siempre de pie, y aunque esto no sea cierto técnicamente al cien por cien, sus reflejos les permiten hacer contorsiones mientras caen y aterrizar sobre las patas la mayor parte de las veces. Metafóricamente hablando, la habilidad de aterrizar sano y salvo en momentos de turbulencia emocional o en una caída en picado, nos parece a la mayoría un superpoder que nos encantaría tener.

Evocamos a los gatos mediante advertencias proverbiales como: «La curiosidad mató al gato». En ocasiones, se meten en problemas cuando no pueden evitar interesarse por un ruido extraño, un agujero en el suelo, o una rama o un saliente situados a gran altura. Sin embargo, las enseñanzas de los gatos no coartan nuestra curiosidad. El conocido refrán lo suelen citar personas frustradas que no quieren adaptarse a ningún cambio de planes. La curiosidad nos lleva a hacer toda clase de descubrimientos creativos y refleja el afán de aprender. Podemos equilibrar sabiamente la curiosidad gatuna con la cautela para no lanzarnos de cabeza a una situación peligrosa indeseada.

Los gatos poseen un misterio especial y solemne. Sus movimientos fluidos, su mirada vigilante y sus notables aptitudes aparecen en muchos mitos y leyendas. Por ejemplo, en el antiguo Egipto, Bastet, la diosa gato, era la deidad de la belleza y el amor. Los gatos nos maravillan. Cuando hay alguno a nuestro alrededor, nos parece que cualquier cosa es posible.

Plantéate estas preguntas

- ¿Te sientes desequilibrado o sientes que estás cayendo en picado emocionalmente? ¿Cómo puedes solucionarlo y aterrizar de pie?
- ¿Tu curiosidad te ha metido en algún problema últimamente? ¿Cómo puedes equilibrarla con la cautela?
- ¿Qué renueva tu sensación de misterio y belleza en el mundo?

Invoca al espíritu del gato

El asombroso equilibrio y elegancia de los gatos nos ilustran cómo podemos equilibrar la mente, el cuerpo y el espíritu en esta vida. Ejercitar la habilidad del equilibrio con ejercicios y posturas de yoga que además fortalecen la musculatura, te ayuda a sentir la ligereza flexible de un gato en el reino físico. Para equilibrar otros aspectos de tu vida, plantéate dedicar más tiempo a la reflexión y la meditación, o a llevar un diario.

Piensa en un aspecto de tu vida que no está equilibrado. ¿Qué significa para ti? ¿Qué te parecería esta parte de tu vida si estuviera equilibrada? ¿Cómo te imaginas viviendo esta etapa con la despreocupada intrepidez de un gato? Cuando te parezca que has perdido el equilibrio y que necesitas un momento para serenarte y recuperar la compostura, recurre a la sabiduría y las enseñanzas de los gatos. Respira hondo, y avanza con confianza con la cabeza en alto. Eres dueño de tu ser y de tu vida.

Oración para la energía del gato

Misterioso y bello compañero gato
que te deslizas por la noche con elegancia
y equilibrio, ayúdame a saber cómo
aterrizar sano y salvo. Enséñame a conectar con la
maravilla invisible que desprende
el mundo vivo en todo momento.

GAVIOTA

Enseñanzas para recordar cuando te encuentres con gaviotas

¿Recuerdas la primera vez que viste el mar? Quizá creciste en una zona costera, en tal caso el recuerdo es como si formara parte de tu conciencia desde temprana edad. Si no es así, en ese momento se activó tu alma y se abrió tu corazón al ver la masa inmensa de agua y el cielo, las olas grandes o pequeñas y el horizonte infinito a lo lejos. El mar es simplemente impresionante. La vida se originó en él y a veces pienso que podemos percibir sus movimientos a nivel molecular.

Las aves marinas ocupan un lugar especial en la vida en torno a los océanos: se sumergen en el agua, picotean la arena de la playa, vuelan impulsadas por las ráfagas de aire.

Ver también: pingüino, foca

Animales relacionados: albatros, mérgulo, cormorán, alcatraz, martín pescador, pelícano, pato marino, pico tijera, charrán

Elementos: aire, agua y tierra

- Curiosa e ingeniosa
- Flexible
- Resuelta

Las gaviotas son símbolos vivientes de esta vida. Sus graznidos icónicos y estridentes nos recuerdan el mar en el acto. Aunque sean una molestia para algunos, al igual que los mapaches y otros animales

ingeniosos, las gaviotas son omnívoras y se han adaptado perfectamente a la vida junto a los humanos. Al ser animales sociales, vuelan
en grandes bandadas ruidosas. Y muestran mucho atrevimiento ante
los humanos. ¡Pueden destrozarle la cesta de picnic a un visitante de
la playa y robarle la comida de las manos! Las gaviotas comen de todo,
forma parte de su sabiduría animal. No dependen de un tipo de comida en concreto, ni siquiera de una forma de obtenerla. Es el único
animal, por ejemplo, que deja caer desde las alturas las almejas y los
mejillones sobre superficies duras para romperles la concha. Creativas,
listas y avispadas, tenemos muchas cosas que aprender de estas aves.

Las gaviotas poseen lo que se podría llamar un abanico de opciones disponibles en lo que se refiere a la alimentación, la nidificación
y los lugares donde transcurre su existencia. Se sienten igual de cómodas flotando sobre las olas, que buscando comida en tierra firme o
volando. Están abiertas a cualquier opción y su ingeniosidad es impresionante. Muchos de los mensajes del mundo nos dicen que hay
una forma «correcta» de actuar, nos dictan cómo obtener una educación, cómo ganarnos la vida, dónde vivir, cuántas cosas comprar... y
la lista sigue.

Hay muchas formas de ser un progenitor, un artista, un estudiante,
una pareja, un trabajador, un buscador. Cada quien elige lo que le parece correcto. Pero la gaviota nos recuerda que solo hemos rascado la superficie de las opciones disponibles. Gracias a las lecciones esenciales de
la determinación y la ingeniosidad de las gaviotas, muchas cosas son
posibles mediante una gran variedad de tácticas. El espíritu de la gaviota nos ayuda cuando nos enfrentamos a una situación en la que necesitamos probar más opciones y seguir adelante pese a los contratiempos.
O cuando para alcanzar nuestros objetivos no nos importa molestar a
alguien por haber contrariado sus expectativas.

Plantéate estas preguntas

- ¿Hay algún proyecto o alguna situación que estés a punto de abandonar? ¿Cómo puedes beneficiarte de una sensación renovada de determinación e ingeniosidad para no rendirte?
- ¿Vale la pena replantearte las opciones que has estado ignorando, aunque te hayan parecido descabelladas?

Invoca al espíritu de la gaviota

Cuando combinamos la determinación con la inventiva obtenemos el mantra de la gaviota: siempre tenemos una opción. Si te sientes acorralado o atrapado por alguna circunstancia de tu vida, invoca al espíritu de la gaviota para que te ayude a descubrir alguna opción creativa.

Una forma de lograrlo es llevar un diario personal. En primer lugar, busca un espacio cómodo y seguro, y respira hondo varias veces para situarte en el presente. A continuación, reflexiona unos minutos sobre el tema en que deseas centrarte y enumera distintas formas de abordarlo. Sé lo más creativo posible y recuerda que no es necesario que sean alternativas concretas y realizables. Lo esencial es recordar que siempre eres un ser competente, creativo y libre. Si una de las opciones de tu lista es «dejarlo todo y trabajar en un circo», pero te parece poco probable llegar a hacerlo, no pasa nada. Simplemente estás poniendo en práctica lo de desplegar las alas y volver a abrirte a un montón de posibilidades.

Escapar del relato que nos contamos a nosotros mismos y en el que nos sentimos atrapados cuesta. Por tal razón, este ejercicio a veces se interpreta como empujar desde la falda de una montaña una roca enorme hasta la cima. Cuando te sientas atrapado, cierra los ojos e imagina que estás a solas en una extensa playa, delante de un mar sereno, enorme y vasto. Siente el viento en tu rostro y contempla durante unos momentos a las gaviotas revoloteando, lanzándose en picado y dando vueltas por el aire, llenas de confianza y preparadas para zambullirse en el agua en busca del siguiente bocado en cuanto se les presente la oportunidad.

Oración para la energía de la gaviota

Amiga gaviota, astuta y hábil,
guíame para que aprenda a liberarme
de los relatos que me impiden ver
que el mundo está lleno de posibilidades,
colmado de giros y finales distintos,
como un mar infinito repleto de peces.

GORRIÓN

Enseñanzas para recordar cuando te encuentres con gorriones

Los gorriones, que se adaptan con facilidad a una amplia variedad de fuentes alimentarias, se encuentran por doquier. Están tan adaptados al medio urbano que algunos observadores los llaman «aves de barrio». A no ser que te apasione estudiar sus atributos particulares para identificarlos en el medio natural, al convivir con ellos te basta con fijarte en su aspecto común. Los gorriones nos enseñan que la uniformidad es una forma de esconderse a plena vista, y que solo quienes tienen un verdadero interés aprecian lo que es especial sobre cada ser. Después de todo, la diversidad del mundo comprende desde el color del plumaje del humilde gorrión hasta los colores espectaculares del pavo real. Prestar atención a los detalles es todo un reto en nuestro mundo vertiginoso, pero nos proporciona recompensas increíbles.

Ver también: ruiseñor

Animales relacionados: carbonero de capucha negra, tordo renegrido, pinzón, picogordo, junco, reyezuelo

Elemento: aire

- Detallista
- Sencillo y humilde
- Común

Los gorriones se agrupan en bandadas y lo picotean todo en busca de comida en los jardines y patios exteriores de las casas. Puedes dedicar una hora o una tarde a observarlos mientras dan saltitos en el jardín, o saltan de rama en rama, siempre alertas a lo que ocurre a su alrededor.

Su plumaje es poco colorido y muchos gorriones ni siquiera cantan. Simplemente pían. Aunque ello nos aporta enseñanzas. Si bien deseamos o ansiamos que nuestra vida destaque lo máximo posible, hay un misticismo enriquecedor en lo común y lo cotidiano, en lo monótono y lo anodino, que pasa desapercibido en la sociedad actual. Los gorriones encarnan, como las semillas diminutas de las que se alimentan, el encanto de la simplicidad y la importancia del día a día. Requiere fe, paciencia y visión sintonizar con lo que no es llamativo, rápido o intenso. Pero fijarnos en ello es toda una lección de humildad y nos ofrece la infinita recompensa de amar lo común.

Plantéate estas preguntas

- ¿Ha empezado a instalarse la monotonía en algún aspecto de tu vida? ¿Qué echas en falta? ¿Puedes renovar tu afán de fijarte en los detalles?
- ¿Qué placer sencillo te gusta más? ¿Cómo puedes disfrutar de serenidad mental en una cultura tan ocupada y caótica como la nuestra?

Invoca al espíritu del gorrión

Tanto en las tradiciones religiosas como en los ámbitos culturales y ecológicos, la búsqueda de la simplicidad es ahora más poderosa que nunca. Para conectar con la humilde sencillez del gorrión, piensa en cómo puedes simplificar tu vida, presta atención a los pequeños momentos y aprecia lo que te es familiar. Detente en algo que veas a diario y en lo que nunca pienses: la puerta de la cocina, unas tijeras, una cuchara vieja de madera. Reflexiona sobre algo que ocurra a diario o estacionalmente y que te pase desapercibido: el silencio al romper del alba, el paso sutil del verano al otoño. Tómate un momento para apreciar estas pequeñas vivencias, y anótalas en tu diario.

Sentir agradecimiento por las cosas básicas de la vida también te permite verlo todo con una nueva mirada. Una amiga mía detestaba lavar los platos, pero descubrió la manera de disfrutar de la experiencia al fijarse en el agua caliente deslizándose por sus manos, el agradable aroma del lavavajillas, y las formas y los colores de los platos.

También puedes aligerar tu hogar o desprenderte de algunos objetos. Es una forma básica de simplicidad, aunque esto es solo el principio. Cuando pensamos en nuestras palabras antes de hablar, elegimos pasar una noche con los nuestros en lugar de salir, o apagamos el móvil para meditar en silencio, estamos participando de la simplicidad de los gorriones.

Oración para la energía del gorrión

Pajarillo pardo, pequeño y común,
revélame la silenciosa simplicidad de una
palabra afectuosa o de un puñado de semillas.
Ayúdame a ver las maravillas que moran en el
corazón de lo más humilde.

GRULLA

Enseñanzas para recordar cuando te encuentres con grullas

Las elegantes grullas, consideradas sagradas en muchas tradiciones orientales, y veneradas y celebradas en el folclore de las culturas del mundo entero, se sienten muy cómodas en el agua, la tierra y el cielo. Al verlas, se nos corta la respiración embelesados por el mundo natural. La elegancia y la belleza de un ave con una figura y unas proporciones tan diferentes a las nuestras nos encantan. Es un ejemplo patilargo y ágil de la increíble diversidad de nuestro hogar, la Madre Tierra. En los relatos y las creaciones artísticas, a las grullas se las asocia con la buena suerte, la prosperidad y la inmortalidad, y también con la vigilancia y la cautela. Para muchas personas, la importancia cultural de las grullas eclipsa la experiencia tangible de observarlas en el medio natural, y en realidad les añade una misteriosa atracción.

En un cuento popular sobre estas aves se relata que cuando un grupo de grullas duermen, una se queda despierta vigilando toda la noche

Ver también: cisne

Animales relacionados: avetoro, garceta, garza

Elementos: aire, agua, tierra

- Alegre
- Eterna
- Vigilante

sosteniendo una piedra en la pata. Así si se duerme, el ruido de la piedra al caer la despertará de golpe para seguir vigilando. En este cuento queda reflejado que las aves acuáticas a veces se mantienen sobre una pata cuando están despiertas o dormidas. Pero además nos transmite de una forma más poética, que las grullas son protectoras de la comunidad y la familia, en especial por medio del poder de la vigilancia. Si alguna vez has visto una grulla moviéndose lentamente en el agua para atrapar a su presa, te habrás dado cuenta de su actitud hipervigilante.

Como muchas grullas realizan elaboradas danzas nupciales, relacionamos a estas aves con la dicha y los festejos, y también con el cortejo y las relaciones duraderas. Los humanos sacamos buen partido de la energía de las grullas en nuestros bailes. Algunos se originan directamente en los movimientos de estas aves. La alegría y la celebración del baile armonizan el cuerpo y la mente, y nos ayudan a establecer una conexión profunda con otras personas. Es casi imposible estar de mal humor mientras bailamos.

Plantéate estas preguntas

- ¿Puedes tomarte un momento para bailar hoy un poco? Mejor todavía, ¿puedes animar a tu pareja, a un familiar o a alguna de tus amistades a bailar contigo?

- ¿Qué piensas al ver a una grulla? La próxima vez que veas una, quizá te animes a cultivar la elegancia y la alegría o a aprender a estar alerta en tu vida.

- ¿Las transiciones que se dan en tu vida te resultan fáciles o difíciles? ¿De qué forma los cambios que experimentas en tu vida pueden servirte de ayuda?

Invoca al espíritu de la grulla

Invocamos al espíritu de la grulla para que nos ayude a superar con naturalidad las transiciones y las etapas. Piensa en los elementos de la rueda medicinal y en cómo la grulla se mueve con soltura por los cuadrantes del aire (la mente), la tierra (el cuerpo) y el agua (las emociones). Avanzar con soltura por las distintas etapas de nuestra existencia (niñez, juventud, y al final la vejez; etapas de aprendizaje o de formación, ciclo laboral…), confiere un sentido de propósito y longevidad a cualquier intención.

Cuando tengas que trabajar con múltiples elementos, relacionados con distintas facetas de tu personalidad, o con tareas opuestas, pon en práctica la meditación de la grulla. Cierra los ojos y respira hondo varias veces para calmarte. Cuando estés listo, céntrate en los lugares de tu cuerpo donde sientas el tirón de la gravedad: en los pies o en las zonas apoyadas en la silla. Imagina que te vas llenando poco a poco de agua, desde los dedos de los pies hasta la coronilla. Siente el agua circulando. Percibe ahora también el aire y el espacio que te rodea. Deja que estos elementos eleven y aligeren tu cuerpo físico. Desplázate entre ellos en tu imaginación, e imagina que te mueves por ellos con la soltura de una grulla. Recuerda que cualquiera de ellos es tu hogar y que te sientes cómodo en todos.

¿Cómo celebras los momentos importantes de tu vida? ¿Reúnes a tus amigos y familiares? ¿Festejas estas ocasiones con un ritual especial? Cuando sientes la alegría del éxito, o los placeres de la vida cotidiana, estás invocando al espíritu de la grulla.

¿Has bailado últimamente? Si llevas un tiempo sin hacerlo puedes, si lo deseas, dejar el libro, poner una música que te guste, y bailar aunque solo sea un poco. Si estás en un lugar público y animas a alguna otra persona también a echarse a reír y a ponerse a bailar, ¡mejor todavía! Siempre hay algo para celebrar y algún momento para bailar.

Oración para la energía de la grulla

Hermanas grullas, elegantes, danzarinas y
vigilantes que reposáis en la dicha
de la belleza cotidiana, enseñadme a
encontrar la paz en todo momento. Ayudadme
a celebrar danzando cada día
y a superar las transiciones con serenidad.

HALCÓN

Enseñanzas para recordar cuando te encuentres con halcones

Los halcones pertenecen, junto con los osos, los lobos, los grandes felinos y los tiburones, a un grupo excepcionalmente poderoso de aliados espirituales. Esta ave, de una elegancia letal, es una cazadora veloz y fuerte. Vuela en círculos para captar mejor la escena y luego se lanza en picado desde las sublimes alturas para cazar a su presa en un abrir y cerrar de ojos. Es un poderoso símbolo para quienes desean encontrar sabiduría y fuerza en momentos de luchas o conflictos. El halcón se prepara, toma una decisión y se lanza hacia su presa con gran concentración y una determinación mortífera. Si lo que deseas es concentrarte y alcanzar un objetivo o ejecutar la siguiente acción que realizarás con una intensa concentración, el halcón te ayudará a lograrlo.

Ver también: águila, búho, buitre

Animales relacionados: falcón, aguilucho, milano real, cernícalo, águila pescadora

Elementos: aire y fuego

- Visionario
- Concentrado
- Lúcido

Pero la medicina especial del halcón también tiene que ver con su magnífica vista. Pese a volar a gran altura, detecta a un ratón que se escabuye en la maleza. Además, no solo percibe la luz en el espectro visible, sino también la luz ultravioleta. Se cree que esta clase de superpoder le permite ver mejor las siluetas, los detalles de la vegetación y las particularidades del suelo.

El dominio del halcón es la mente, que está alineada con el elemento aire, el reino de la claridad mental, la visión, la comunicación y la consciencia. Cuando nos quedamos atrapados en los detalles, perdemos de vista una perspectiva más amplia. La vida es complicada, y la inmensa cantidad de información que recibimos es abrumadora. El espíritu del halcón nos recuerda que para la claridad mental lo mejor es ver la situación desde una cierta distancia. En ocasiones, tenemos que desplazarnos físicamente a un punto más elevado o a un espacio abierto, como un desierto, una llanura o una cima, para ver la escena con más claridad. En un día ventoso, podemos percibir que la brisa que sopla contra nuestro cuerpo difumina todos los detalles oscuros y nos revela una asombrosa perspectiva más amplia. El halcón nos recuerda que esta claridad mental es posible, sobre todo cuando desplegamos las alas y nos abrimos a reinos más elevados de la conciencia.

Plantéate estas preguntas

- ¿Puedes contemplar desde una perspectiva diferente algo que últimamente ha ocupado tu pensamiento?
- ¿Es ahora el momento de centrarte en un proyecto inacabado con la concentración de un halcón?
- ¿Cómo puedes ver con más claridad distintos aspectos de tu vida? ¿Hay algún mentor que pueda ofrecerte una perspectiva nueva? ¿Puedes ampliar tu enfoque de forma que contemples ideas que antes te parecían irrelevantes?

Invoca al espíritu del halcón

Una forma estupenda de adquirir claridad y de invocar las poderosas enseñanzas del halcón es despejar el espacio de tu hogar o de tu lugar de trabajo. A resultas de los hábitos y la repetición, nuestro hogar se acaba convirtiendo en un espacio abarrotado y viciado. Para tener una perspectiva más clara, abre simplemente todas las ventanas, sobre todo en un día soleado y ventoso. Deja que los rayos del sol entren por las ventanas. Haz un poco de limpieza, ordena el lugar, saca el polvo y pasa la aspiradora para despejarlo y limpiarlo.

En cuanto hayas aireado el espacio, puedes aumentar esta sensación renovadora que te produce poniendo algún tipo de música suave que te suba el ánimo. Si cantas o tocas algún instrumento o el tambor, esto también es una forma maravillosa de limpiar y renovar la energía. También puedes quemar incienso o rociar el espacio con un poco de aceite esencial en espray para que huela a fresco. Mientras limpias el lugar, dale las gracias al halcón por traer claridad interior y exterior a tu vida.

Mientras despejas tu espacio, puedes decorarlo si lo deseas con algo que te recuerde que un cambio de perspectiva y de dimensión es un poderoso medio curativo. O con un mapa, un globo terráqueo, una lupa, algún objeto o representación en miniatura, o una obra de arte que represente una vista aérea.

Oración para la energía del halcón

Amigo de vista aguda que vuelas con
alas de luz por el aire puro de las alturas,
comparte tu don de la observación conmigo, ayúdame
a despejar mi corazón
y a empezar este nuevo día con
el espíritu renovado.

HIPOPÓTAMO

Ver también: elefante, ballena

Animales relacionados: manatí, rinoceronte

Elementos: tierra y agua

- Tolerante
- Tranquilo y asertivo
- Protector y cariñoso

Enseñanzas para recordar cuando te encuentres con hipopótamos

Los hipopótamos viven en grandes manadas y pastan y holgazanean cerca de muchos ríos, lagos y pantanos africanos. A lo largo del Nilo, los hipopótamos caminan por el lecho del río de puntillas para que la corriente arrastre suavemente su cuerpo enorme medio sumergido. Solo quedan a la vista parte del lomo y las orejas y los ojos. Los antiguos egipcios veneraban a este animal feroz e impresionante bajo la forma de la diosa Tauret con cabeza de hipopótamo, protectora de las mujeres, el parto y la crianza de los hijos. Los hipopótamos hembra son animales valientes y cariñosos que protegen a sus crías con ferocidad. Los hipopótamos son herbívoros. Comen cincuenta kilos de hierba cada noche. Parecen lentos. Pero son animales muy agresivos y guardianes de su territorio. Corren más deprisa que los humanos con sus patas rechonchas, y con los afilados incisivos de sus mandíbulas pueden matar a un cocodrilo de tres metros. El grito de un hipopótamo macho es tan potente como el rugido de un león.

Los hipopótamos se mueven por el agua, el elemento donde pasan la mayor parte del tiempo, con la elegancia de un bailarín. Su ligereza y flotabilidad en el medio acuático contrastan con la poderosa fuerza muscular que necesitan en tierra firme para trepar las orillas empinadas de los ríos y buscar hierba fresca para alimentarse. Todos nos podemos sentir pesados y sobrecargados en ciertos momentos de nuestra vida. O estar desmotivados o creer que todo es diez veces más difícil de lo que tendría que ser.

¿Y si, metafóricamente hablando, te sumerges en el agua y te permites flotar durante un rato? A veces, aunque necesitemos ayuda, nos cuesta pedirla y aceptarla. Confiar a otros el peso de nuestro verdadero yo y de nuestros problemas quizá pueda parecernos molesto e incluso peligroso. Tal vez nos sentimos más fuertes y capaces cuando intentamos apañárnoslas solos. Pero esta actitud acaba provocando que nos sintamos agotados. Además, desear ayudar a los demás, pero creer que uno no se merece ser ayudado, indica una baja autoestima. Todos nos merecemos delegar parte de nuestras responsabilidades, relajarnos y confiar en los demás.

Recordar que el agua simboliza el fluir emocional nos enseña a apoyarnos en nuestras emociones en vez de que ellas nos arrastren. Un acuerdo muy habitual de la infancia nos enseña a no confiar en nuestro yo emocional. Quien nos lo inculcó suele ser un progenitor o un maestro que nos dijo de pequeños que dejásemos de llorar o que nos tranquilizáramos. Pero si aprendemos a trabajar con nuestras emociones, para flotar y movernos con naturalidad en este medio y entre ellas, y dejamos que nos sirvan de apoyo en nuestra labor en el mundo, descubriremos que mantenemos una relación mucho más sana con nuestro yo interior.

Los hipopótamos viven sobre todo en aguas quietas y pasan la mayor parte de su vida sumergidos en estos tranquilos lugares. Pero también eligen el momento de ahuyentar agresivamente a los intrusos o protestan amenazadoramente, como diciendo «¡Aléjate de mi cría!», para marcar su territorio. En la vida vale la pena analizar cómo podemos calmar nuestro cuerpo emocional acuoso mediante la meditación, la oración, la respiración profunda, la escritura de un diario y ejercicios de mindfulness. Aunque esto no significa que renunciemos a la importante labor de establecer límites firmes en nuestra vida y de defender aquello que nos importa. En ocasiones, tomamos el mindfulness por debilidad, pero lo cierto es que si vives con estabilidad el presente, sintiéndote apoyado por tus emociones, en vez de que ellas te arrastren, y te mueves por el mundo con una sensación serena de equilibrio interior, manejarás mucho mejor los conflictos y protegerás lo que es realmente importante para ti cuando sea necesario.

Plantéate estas preguntas

- ¿Qué debes sustentar y proteger ahora en tu vida?
- Analiza tu cuerpo emocional. ¿Qué desea imperiosamente? ¿Qué puedes hacer para equilibrar tu bienestar emocional y recuperarlo?
- ¿Hay alguien cercano a ti que te pueda apoyar en este momento? ¿Qué es lo que más te apoyaría? ¿Un espacio limpio y ordenado? ¿Comida sana? ¿Una buena higiene de sueño?

Invoca al espíritu del hipopótamo

Las propiedades relajantes del agua calman las emociones enardecidas y alivian el cuerpo emocional. Siempre que te sea posible, pasa un día entero en una masa natural de agua, ya que tu espíritu se relajará profundamente por la combinación de tierra, agua, aire puro y sol. Pero aunque no tengas tiempo o recursos para pasar un día en un manantial o en la playa, puedes aprovechar la energía sanadora del agua y establecer una conexión con la sabiduría que proporciona equilibrio y flotabilidad del hipopótamo si te das baños renovadores con regularidad.

Si conviertes tus baños en una especie de ritual, además de lavarte el cuerpo, te limpiarás emocional y espiritualmente. Puedes añadir al agua de la bañera plantas medicinales, aceites esenciales o algún otro producto para el baño que cree un ambiente relajante. Escucha, si lo deseas, música tranquilizante. Enciende varias velas y medita o reza. Confía en que el poder curativo y relajante del agua se llevará el estrés del día. Deja que el agua sea tu apoyo, imagina que estás flotando en un gran río, que te dejas llevar por la corriente, sostenido por las manos de la Madre Tierra.

Oración para la energía del hipopótamo

Gran hipopótamo, madre sabia
que flotas en las tranquilas
aguas terrestres,
enséñame a equilibrar la ferocidad con el sosiego,
ayúdame a reunir el valor para dejar que los
demás me apoyen y sostengan, así podré protegerme
y proteger a quienes me rodean, con un corazón
y un espíritu sereno.

HORMIGA

Ver también: abeja

Animales relacionados: termita, avispa

Elementos: tierra y fuego

• Constructiva
• Organizada
• Preparada y productiva

Enseñanzas para recordar cuando te encuentres con hormigas

Cuando deambula sola, la humilde hormiga parece pequeña e insignificante. Es vulnerable a cualquier ataque o puede morir aplastada bajo nuestros pies sin que nos demos cuenta. Pero si tenemos en cuenta que las hormigas no viven en solitario, que se encuentran en todos los continentes y que las hay a cuatrillones, entonces las vemos con otros ojos. Algunas colonias de hormigas actúan del mismo modo en que funciona una colmena, funcionamiento también llamado «mente colmena»; es decir, como un superorganismo y son capaces de construir puentes o balsas con sus propios cuerpos para que el hormiguero prospere. Son una especie antigua, pueblan el planeta desde el periodo de los dinosauros. Y se sabe que no solo son cazadoras y recolectoras, sino que algunas especies de hormigas crían pulgones y cultivan ciertas clases de hongos en sus colonias. También se cuentan entre los pocos insectos con capacidad de enseñar y aprender.

Las hormigas construyen colonias gigantescas y cooperan no solo entre ellas, sino también con otras especies de plantas y animales. Mantienen todo tipo de relaciones con otros insectos y plantas, a menudo benéficas para ambas partes. Y aunque tendamos a verlas como plagas, como las invasivas hormigas rojas causantes de mordeduras dolorosas, o las cortadoras de hojas que diezman el follaje y la fruta de un árbol en un instante, en realidad los humanos nos podemos beneficiar de mantener una relación interdependiente con las hormigas de varias maneras. Por ejemplo, las hormigas airean el suelo y son controladoras naturales de plagas en algunas partes del mundo.

Además, es importante señalar que los animales y la medicina espiritual que nos ofrecen no existen para el beneficio o el lucro humano. Los animales son dueños de sí mismos. En realidad, ni siquiera las mascotas nos pertenecen, solo vivimos con ellas en colaboración. A las hormigas tanto les da si las entendemos o no, o si nos han «demostrado» sus cualidades especiales. Siguen trabajando, comiendo, construyendo, buscando alimentos y cuidando de su colonia. A mí me parece un recordatorio excelente de que mis conocimientos racionales sobre la medicina de los animales no es lo que les da su poder. El espíritu de los animales tiene su propio poder, al igual que yo tengo el mío. Mi curiosidad y mis conocimientos simplemente enriquecen mi viaje de autosanación y de prácticas ceremoniales. Y para mí es un gran privilegio buscar las lecciones del mundo natural.

Cuántas más cosas aprendamos de nuestro mundo viviente, más fuertes y resistentes nos volveremos al participar plenamente en él. Esto es cierto en lo que se refiere a cualquier tipo de vida. Entre los seres vivos existen muchas conexiones, más de las que podemos llegar a conocer o trazar. Es un gran regalo, constituye toda una lección de humildad.

En el folclore popular las hormigas son descritas como insectos afanosos y trabajadores. En la famosa fábula de Esopo «La cigarra y la hormiga», por ejemplo, la cigarra se pasa el verano cantando, por más que las diligentes hormigas le intenten hacer entender que tiene que prepararse para la llegada del invierno. Aunque en la actualidad podamos sostener que los cantos de las cigarras tienen tanto valor como la laboriosidad de las hormigas, hay momentos en la vida en los que también necesitamos movilizar nuestra energía y cooperar con otras personas para mejorar nuestro futuro.

Plantéate estas preguntas

- ¿Te sientes cómodo pidiendo ayuda o prefieres arreglártelas solo? ¿De qué forma participar en el trabajo comunitario te ayudaría a alcanzar metas mayores?
- ¿De qué manera puedes prepararte mejor y preparar a tu comunidad para el futuro? ¿Puedes cultivar un huerto, compartir recursos, o crear una red local de vecinos?
- ¿Qué has creado recientemente de lo que te sientes orgulloso?

Invoca al espíritu de la hormiga

Las hormigas son criaturas muy sociales. Aunque la idea de una «mente colmena» nos parezca un anatema respecto al individualismo humano, podemos aprender de las poderosas lecciones de cooperación, organización y laboriosidad de las hormigas. Las hormigas pueden susurrarnos al oído que nuestro sentido del individualismo no es más que un mito del ego. En realidad, somos miembros de una comunidad más grande, tanto si se trata de una familia, de artistas colegas, de animales, o de terrícolas que comparten este planeta. Nadie vive solo.

Al iniciar un nuevo proyecto o una empresa, cierra los ojos durante unos momentos y visualiza a todos los miembros de la comunidad que trabajaréis juntos. Es una poderosa práctica para hacer en grupo, de pie, sentados o en círculo. Cada persona hace un breve inventario mental de los corazones, manos y mentes de sus compañeros. No te olvides de cualquier compañero animal o vegetal, y dale las gracias también por su contribución.

Oración para la energía de la hormiga

Amiga hormiga, afanosa y creadora de grandes sociedades,
ayúdanos a trabajar juntos por un bien común,
enséñanos a construir puentes y a escuchar a los demás
para progresar unidos
en tiempos difíciles.

JAGUAR

Enseñanzas para recordar cuando te encuentres con jaguares

El jaguar, el felino autóctono de mayor tamaño del continente americano, figura en muchas culturas de los nativos originales americanos, incluida la maya, la azteca y la tolteca. Los guerreros jaguar, llamados *ocelotl* en náhuatl, eran un cuerpo de élite durante el apogeo de la civilización azteca. Creían que en una batalla estarían imbuidos de la fuerza del jaguar. Este animal también se consagraba al dios azteca Tezcatlipoca, asociado con la noche, la obsidiana, la belleza y la guerra.

Los humanos libran las guerras y las batallas por el control y la represión. Las guerras suelen deberse a un sueño colectivo no cuestionado. Aunque en realidad son producto de algún otro factor, como el miedo. Pero la idea de la guerra también tiene un aspecto espiritual. En mi familia nos llaman guerreros toltecas, pero no libramos guerras políticas. La alusión en sí nos recuerda que lo que hacemos requiere disciplina, tenacidad y el deseo de disentir con nuestro pasado domesticado y con ciertos aspectos del Sueño del Planeta. Ser un guerrero tolteca trata de la constante lucha interior para revelar nuestro yo verdadero, al tiempo que nos mantenemos fieles a nuestra palabra y permanecemos conectados con la fuerza vital interior.

La astucia y la determinación de los grandes felinos y de otros depredadores importantes son poderosas aliadas en esta lucha. La energía del jaguar provoca respeto y se requiere destreza y práctica para trabajar con ella. Como los buenos guerreros saben que una distracción puede costarles la vida, aprenden a centrarse en cualquier cosa que estén haciendo en el presente. Incluso cuando el desafío no es tan grande, la medicina del jaguar nos enseña a no distraernos y a centrarnos en nuestro objetivo presente. El jaguar, inmóvil y presente, agudiza sus sentidos para percibirlo todo.

Aparte de cultivar esta intensa consciencia, el jaguar personifica la acción decisiva en el momento presente. Cuando acecha a su presa, lleno de propósito y poder, se concentra absolutamente en ello. Cuando yo siento que necesito invertir toda mi energía en un objetivo, o cuando quiero llevar a cabo algo pero mis dudas y miedos me paralizan, invoco al jaguar para que me ayude a ser fuerte, valiente y competente. El jaguar me enseña a manifestar mis sueños al ocuparme de cada momento de mi vida, centrarme y ver con claridad mi propósito. Si espero y me cuestiono cada movimiento que hago, si pierdo el tiempo y me preocupo por cada nimiedad, perderé la oportunidad de conseguir lo que mi corazón desea. El jaguar nos enseña a saber cuándo es el momento de lanzarnos a la acción y alcanzar nuestros objetivos.

Plantéate estas preguntas

- ¿Cómo puede la energía del guerrero infundir fuerza y concentración a tu intento más profundo?
- ¿A qué aspecto de tu vida le convendría en este momento una acción potente y decisiva?
- ¿Qué ocurre cuando empleas tus sentidos físicos para ser más consciente? ¿Te distrae más o te ayuda a concentrarte en tu objetivo?

Invoca al espíritu del jaguar

La meditación silenciosa cultiva tu capacidad de ser consciente y de centrarte en un objetivo. Esto parece ser lo opuesto al espíritu del jaguar, ya que es un cazador muy poderoso, y la energía del guerrero consiste en luchar, ¿no es cierto? Pues no es así. El arte de la caza del jaguar reside en su concentración sigilosa e intensa, y nosotros también podemos cultivar esas cualidades al meditar en quietud y silencio, observando la respiración y aprendiendo a vivir en el presente.

Si hay un objetivo o un sueño que intentas alcanzar, invoca al espíritu del jaguar antes de empezar tu meditación, y busca después una palabra que englobe tu objetivo. Al respirar, imagina que inspiras una luz dorada que se difunde por tu plexo solar. Al expulsar el aire, visualiza tu palabra mentalmente e imagina que la luz dorada sale con el aire que espiras y rodea tu objetivo. Si surge algún pensamiento o emoción, déjalos ir con naturalidad, sin distraerte. La meditación no es una práctica fácil, pero si le dedicas tiempo y atención aprenderás a centrarte en un solo propósito, como un jaguar al acecho de su presa.

Oración para la energía del jaguar

Poderoso jaguar oculto entre las sombras,
ayúdame a agudizar mi concentración
para que sea tan afilada como un cuchillo de obsidiana
o como las garras de un gato montés.
Haz que sea el cazador perfecto del deseo de mi corazón.

LEÓN

Enseñanzas para recordar cuando te encuentres con leones

Los leones, con sus hermosas crines doradas y su elegante fuerza, simbolizan el poder, el liderazgo y la ferocidad en muchas sociedades antiguas y contemporáneas. Desde hace mucho tiempo se asocian con la realeza. Por sus ojos y su pelaje dorado, y la impresionante crin de los machos que nos recuerda los rayos del sol, a menudo se les ha vinculado con el astro rey. En el antiguo Egipto, por ejemplo, se veneraban una serie de diosas representadas como leonas que estaban relacionadas con el sol, como la feroz diosa Sejmet, con cuerpo de mujer y cabeza de león, hija de Ra, el dios del sol.

Los leones, cazadores fuertes y ágiles, corren muy velozmente. Y, a menudo, participan en grupo en la caza de sus presas, ayudados por la oscuridad. Contribuyen al equilibrio del medio, pero aunque sean depredadores formidables, solo tienen éxito una cuarta parte de las veces.

Ver también: gato, jaguar

Animales relacionados: gato montés, guepardo, puma, leopardo, lince, tigre

Elementos: tierra y fuego

- Noble
- Estruendoso
- Poderoso y bravo

No reclaman las presas cazadas por animales de menor tamaño, lo cual contribuye a su condición privilegiada. Además, conservan la energía para sus cacerías dormitando la mayor parte del día, como los gatos domésticos.

Por supuesto, la naturaleza majestuosa, la fuerza y el poder físico del león lo han convertido en un símbolo de realeza y liderazgo en todo el mundo. Además, en las entradas de muchos templos antiguos aparecen esculturas de leones, o también se los representa al lado de deidades como compañeros y guardianes. Un buen líder, siguiendo el espíritu del gran león, manifiesta gran valentía y fuerza, pero también cumple con su obligación de proteger a aquellos que tiene a su cargo. Ser un líder íntegro y honorable significa proteger a los seres que amamos de cualquier daño o incluso de nosotros mismos. Pero no solo se trata de una protección física, sino que debemos proteger además a nuestro corazón y nuestra alma de las ilusiones, o de nuestras decisiones desaconsejables. Y las feroces enseñanzas del león nos ayudan precisamente a hacerlo.

Como los leones se asocian espiritualmente con el sol y, por lo tanto, con el calor y la luz, ocupan los reinos de la tierra y del fuego en la rueda medicinal. El fuego es el elemento de la creatividad, la pasión, la alegría y la determinación. La medicina del león puede renovar tu feroz espíritu creativo interior y ayudarte a encontrar, o a revigorizar, tu auténtica voz creativa y la pasión para que compartas tu labor con el mundo. El poderoso rugido de un león se escucha a una distancia de ocho kilómetros. La próxima vez que te prepares para promover tu labor o que necesites una inyección de energía para un proyecto, imagina que te llenas del rugido cargado de energía de un león.

Se cree que los superdepredadores se ocupan de su red alimentaria y de sus territorios, lo cual es una medicina animal importante si buscas apoyo en tu papel de líder o reclamas ser dueño de tu destino. Por otro lado, quizá te interese más el instinto protector del león, la dinámica de la familia matrilineal, o el poder simbólico de su rugido. Como artista de tu propia vida, elige lo que sea verdad para ti.

Plantéate estas preguntas

- ¿Cómo proteges lo que amas? ¿De qué otras formas puedes reivindicar tu poder y ser más valiente?
- ¿Cuál es tu equivalente al «rugido del león»? ¿Cómo expresas tu creatividad en tu vida? ¿Cómo puedes dominarla con ferocidad y orgullo?

Invoca al espíritu del león

Si te sientes atrapado y deseas invocar la feroz creatividad del león en tu vida, puedes empezar tu práctica creativa haciendo yoga. La postura del león, o *Simhasana* en sánscrito, te ayuda a deshacerte del estrés y a relajar los músculos del rostro y del cuello. Además, también te llena los pulmones de oxígeno. Aunque no hagas yoga a diario, esta simple postura es fácil de adoptar. Siéntate con las piernas cruzadas, sobre los talones o ponte a gatas. Estira y separa los dedos de las manos al máximo. La postura se activa cuando alineas y estiras la columna, miras hacia el entrecejo, abres la boca lo máximo posible, y sacas la lengua todo lo que puedas. Expulsa aire a continuación acompañando con un largo «haaa-aa» e imagina que expulsas un fuego poderosamente creativo que llena la habitación de creatividad. A lo mejor desees rugir varias veces mientras mantienes esta postura.

Oración para la energía del león

Gran rey león, ojo dorado del sol,
ayúdame a ser un fiel guardián de los míos
y de mi ser interior. Enséñame
tu majestuoso liderazgo, ilumíname
con el fuego de la creatividad y el rugido
vital de una vida llena de auténtica pasión.

LIBÉLULA

Enseñanzas para recordar cuando te encuentres con libélulas

Si Muhammad Alí hubiera pensado en las libélulas, seguramente habría comparado su estilo de boxeo en el ring con el de una libélula en lugar de con el de una mariposa. Las libélulas, haciendo gala de la misma poesía, energía, fuerza y agilidad de Alí, descienden en picado, planean, giran y remontan el vuelo. Las libélulas macho luchan por el territorio y las parejas. Su campo de visión es de 360 grados. Como cada una de sus cuatro alas se mueve independientemente, pueden volar hacia cualquier dirección, incluso hacia atrás, y son lo bastante fuertes como para cruzar el océano volando. Son seres aéreos y se pasan la vida en el agua o cerca de ella. La libélula es un gran animal de poder al que recurrir cuando deseamos gozar de claridad mental y de equilibrio emocional. Ya existían antes de los dinosauros y algunos de sus ancestros alzaban vuelo desplegando unas alas de más de medio metro de envergadura. La estructura de su cuerpo es muy parecida a la de cuando hicieron

Ver también: mariposa, colibrí

Animales relacionados: caballitos del diablo

Elementos: aire y agua

- Ágil, resistente y flexible
- Liviana
- Feliz

aparición en el planeta, y la medicina que nos ofrecen es en parte su estabilidad evolutiva. Los seres humanos poblamos el planeta desde fecha bastante reciente en comparación, y tenemos mucho que aprender de estas criaturas. Las libélulas, al igual que las mariposas y los colibrís, son conocidas por sus brillantes colores iridiscentes, sus alas atrapan la luz del sol. Se parecen un poco a joyas voladoras, contradiciendo su poder como animales totalmente evolucionados y sumamente adaptados con unas características y cualidades que sirven a la perfección su intención de alimentarse, emparejarse y prosperar. Las libélulas nos recuerdan que podemos gozar de esta clase de alineación entre el cuerpo y el intento, cuando descubrimos la verdad sobre nosotros mismos y recordamos que ya tenemos todo cuando necesitamos.

La libélula es un símbolo positivo en muchas culturas, y en Japón simboliza la felicidad. Encarna una cierta liviandad, tanto por ser una vistosa captadora de la luz del sol como por su forma de planear y flotar en el aire. No por casualidad relacionamos metafóricamente la felicidad con la Próspera. Empleamos expresiones como «Me quitaste un peso de encima» o «Me siento como si flotara». Cuando nuestro corazón conecta con la auténtica felicidad, experimentamos físicamente la sensación de liviandad.

Plantéate estas preguntas

- ¿Has experimentado la sensación de liviandad últimamente? Si no es así, ¿se te ocurre algún modo de quitarte ese peso de encima, aunque sea solo por un momento?
- ¿Te ha pedido un amigo o un colega que vieras una situación de otra manera y tú te has resistido a ello? Ahora quizá sea un buen momento para reconsiderar si tu apego a tener la razón te ha impedido ser flexible y liviano.

- ¿Crees que ya te has realizado tal como eres? Aprender y mejorar durante la vida entera es un objetivo admirable, pero en realidad ya nos hemos realizado tal como somos.

Invoca al espíritu de la libélula

La felicidad parece a veces escurridiza y cuando no disponemos de referentes de alegría, la vida puede volverse oscura y pesada. A veces, vemos la felicidad como un planteamiento de «todo o nada», y nos quedamos atrapados en nuestras propias narraciones sobre una felicidad futura o en los recuerdos dichosos del pasado. Pero en realidad, la felicidad solo se encuentra en un lugar: en el presente. Y podemos reconocerla y sustentarla poco a poco cada vez más, de una manera centrada.

Una práctica para cultivar la felicidad es llevar un diario de agradecimiento, ya que crea un poderoso círculo de respuestas positivas. Al descubrir algo muy pequeño que te hace feliz y agradecerlo, generas más felicidad, por lo que te sientes más agradecido. Escribe tres cosas cada día que agradezcas. Puede ser algo tan pequeño como descubrir un retoño de una planta en tu huerto, o algo tan transformador como la oferta de un nuevo trabajo increíble. No es necesario que escribas entradas elaboradas en tu diario si no te apetece. Expresa simplemente con una frase, o con una palabra, qué es lo que agradeces. Dedica un momento a sentir lo que cada una de estas cosas te produce, deja que te aflore una sonrisa a los labios o percibe una sensación de calidez en el pecho. Puedes dedicar varios minutos al día a hacerlo, o bien integrar esta práctica en un ritual más profundo para realizarlo ante tu altar o en otro lugar importante para ti.

Oración para la energía de la libélula

Libélula, brillante luz del sol
flotando y centelleando por las aguas cristalinas
de mi corazón, ayúdame a encontrar un momento
cada día para aceptar la deliciosa felicidad
de una vida dedicada a explorar este mundo vivo.

LOBO

Ver también: perro, coyote, zorro

Animales relacionados: dingo, hiena, chacal, perro salvaje

Elemento: tierra

- Trabajo en equipo
- Apasionado
- Rápido, fuerte y valiente

Enseñanzas para recordar cuando te encuentres con lobos

En todas las culturas que se han relacionado con lobos se cuentan historias que inspiran respeto, miedo y admiración por estos feroces depredadores y protectores de la familia y del territorio. Para muchas, como numerosas culturas indígenas americanas, el lobo simboliza la fuerza, la destreza del cazador, los vínculos sociales, el valor y la rapidez. Cazan en manada, son leales a su grupo familiar, y trabajan en equipo. Sus grandes habilidades son legendarias. Los guerreros y los soldados recurren al espíritu del lobo para que les inspire hazañas de valentía y solidaridad.

Cierra los ojos y escucha los aullidos sobrenaturales del lobo, contempla su silueta recortada contra la luna llena en una noche invernal. Los lobos en realidad no aúllan a la luna, sino que lo hacen para comunicarse con la manada desde grandes distancias. Pero la luna continúa siendo un aspecto potente y resonante de su poder simbólico. Tiene sentido considerar la belleza y la importancia ceremonial de la luna llena como parte de las enseñanzas del lobo.

Los lobos son animales sociales monógamos. En ocasiones, oímos hablar de un «lobo solitario», un personaje idealizado y temido en nuestros relatos culturales. Como los lobos se desplazan juntos en manadas creando vínculos afectivos, un lobo solitario es tanto un animal vulnerable como sumamente peligroso para otros animales. Pero ser un lobo solitario es más un estado temporal que un rasgo de carácter. Lo más probable es que se una a otra manada o que cree una propia. La medicina del lobo solitario nos ayuda cuando vivimos una transición. Nos recuerda que debemos honrar la cualidad sagrada del tiempo en el que hemos estado separados de la manada. Explorar el territorio y expandirlo —ya sea externa o internamente— es una parte importante de la vida, así como el regreso a la comunidad y el compromiso de mantener los vínculos familiares y sociales. Al actuar de este modo somos la plena expresión del poder del lobo.

En la rueda medicinal, los lobos se encuentran en el cuadrante de la tierra, el elemento de la solidez, el contacto con la tierra, la conexión y la fortaleza física. Invoca al lobo para volver a establecer una conexión con la tierra.

Plantéate estas preguntas

- ¿Qué desea tu corazón? ¿De qué formas puedes centrar tu atención, las cualidades del cazador, en alcanzar este gran sueño?
- ¿Quiénes forman parte de tu manada? ¿Cómo puedes recurrir a sus integrantes para que te ayuden a alcanzar tus objetivos? ¿Y cómo les puedes tú apoyar? ¿Hay algún objetivo comunitario que podáis intentar alcanzar juntos?

- ¿Cuándo fue la última vez que estuviste al aire libre en luna llena? ¿De qué modo intentar hacer realidad tus sueños teniendo en cuenta la energía de la luna creciente y de la menguante, podría ayudarte a conseguir lo que tu corazón desea?

Invoca al espíritu del lobo

Establece una conexión con el espíritu del lobo dedicando un tiempo a contemplar la luna, con los amigos y la familia, o con un pequeño grupo de colegas o amigos.

Vive el simbolismo del lobo de manera concreta gritando de alegría, riéndote a carcajadas o cantando con los amigos. Para establecer una conexión con las cualidades del lobo solitario, plantéate pasar un tiempo separado de los tuyos. Podría ser solo por una tarde o durante varios días. Este tiempo de aislamiento tiene una rica historia en muchas distintas tradiciones espirituales e inspira claridad, concentración y conocimiento intuitivo de uno mismo. Cuando el tiempo del lobo solitario haya llegado a su fin, da las gracias por la alegría de volver a conectar con tu manada.

Oración para la energía del lobo

Lobos cazadores de la montaña iluminada
por la luna, que actuáis
con sigilo en manada, prestadnos
vuestra fuerza y concentración.
Enseñadnos a ser intrépidos, a preocuparnos
por los demás y a trabajar juntos
para un objetivo común.

LOMBRIZ

Enseñanzas para recordar cuando te encuentres con lombrices

Las lombrices estan literalmente arraigadas en la tierra. Se pasan la vida entera en contacto con ella. Es más, cada movimiento que realizan y todo lo que comen y digieren, *está hecho* de tierra y también la *producen*. Por eso se podría decir que las lombrices están hechas de tierra, y que la tierra sobre la que caminamos está hecha de lombrices. Las lombrices al igual que los gusanos son grandes recicladores. Como si fuera por arte de magia, transforman los desechos y la materia muerta en nueva vida. Solíamos pensar que en la cadena alimentaria los depredadores estaban en la cúspide y los gusanos y otros invertebrados, en la base. Pero la red alimentaria es una metáfora más apta y les restituye a las humildes lombrices el lugar correcto que deben ocupar al devolver energía a la Madre Tierra, ya que todos los seres crecen y mueren en ella.

Como parte de la misma antigua jerarquía de la cadena alimentaria, vemos a las lombrices como seres «inferiores». Y un sinónimo de inferior es «humilde». La palabra *humilde* en realidad tiene la misma raíz que *humus*, que significa «tierra». Ser humilde es, por lo tanto, estar en contacto con la tierra, cerca de ella. La humildad es una virtud que no se valora en los tiempos modernos por una buena razón. En muchos sentidos, la idea occidental de humildad se remonta a las tradiciones religiosas que promueven la jerarquía, que nos han dejado el legado de desvalorizarnos a nosotros mismos en el que por suerte ya no creemos. Los líderes políticos y el clero hace mucho que separaron lo espiritual de lo material en la cultura occidental, justificando el sometimiento de las mujeres, las personas de color y los animales. Esto también nos impide mantener una relación sagrada con el mundo natural.

La humildad en este contexto se ha falseado al indicar que uno no vale nada o al fomentar el maltrato emocional. Pero en realidad, una humildad sana es beneficiosa, relajante y positiva. Ser humilde, como nos muestra una simple lombriz, es estar en contacto con la Madre Tierra, tener los pies en el suelo y permanecer abiertos, sin la presencia del ruidoso y estrepitoso alboroto de nuestros pensamientos. Ser humildes es ser buenos oyentes, elegir servir a la justicia por amor, disfrutar del silencio y pararnos a pensar en el efecto de nuestras palabras antes de hablar. Una humildad auténtica y sana no consiste en menospreciarnos o en creer no valer nada, sino en no ser un obstáculo en nuestra vida para que la inspiración, el espíritu y la vida fluyan sin trabas en nosotros, y para que podamos fluir a su vez con la vida, al igual que las lombrices se deslizan por la tierra y dejan que esta las penetre.

Una tierra sana y nutritiva es la base de la vida. Sin ella, las plantas no crecerían. Y sin plantas, nada podría sobrevivir. Es una gran metáfora para el yo. Todos necesitamos sustentarnos en un sentido profundo y espiritual para progresar en la vida, pero lo que a ti te nutre tal vez sea distinto de lo que nutre a tu vecino.

Plantéate estas preguntas

- ¿Qué te nutre? ¿Qué puedes hacer para crear una tierra «más rica» en tu vida? ¿Qué puedes añadir o quitar en tu rutina diaria que te ayude a gozar de una vida llena de una sabiduría enriquecedora y sustentadora?

- ¿Qué es para ti una humildad sana? ¿Has sido en gran medida el centro de atención últimamente? ¿Puedes darte un respiro y pasar un rato en contacto con la naturaleza, retirado y silencioso?

- ¿Te has sentido como si fueras a la deriva últimamente? ¿Arrastrado por los vuelos de una gimnasia mental veleidosa y estéril? Quizá sea ahora el momento oportuno para aquietar tu mente.

Invoca al espíritu de la lombriz

Una manera formidable de establecer una conexión con el espíritu de la lombriz es ensuciarte las manos con tierra. Hay estudios que demuestran que estar en contacto directo con tierra sana y orgánica nos levanta el ánimo. Aunque no tengas un jardín en tu casa, puedes plantar una semilla en una maceta. Podrías hacerlo realizando algún ritual. Antes de sembrarla, sostén la semilla en tus manos y cierra los ojos. Respira hondo tres veces para afianzarte en el presente e imagina que la semilla representa algo que te gustaría tener más en tu vida, como amor, abundancia, creatividad, o cualquier otra cosa que sea importante para ti. Mientras te imaginas a la semilla transformándose en una planta resistente, piensa que tu vida se inunda del poder que representa. Cuando siembres y riegues la semilla, dale las gracias por su labor en el mundo, y renueva tu intención de vez en cuando meditando sobre la planta que está creciendo con el propósito que le has imbuido. Invoca al poder humilde de la lombriz para que te ayude en el proceso.

Oración para la energía de la lombriz

Humilde lombriz que llevas en ti a la Madre Tierra
toda tu vida, ayúdame a encontrar una humildad
sana que me mueva a ayudar a los demás,
enséñame a aceptar la sabiduría de lo
pequeño y lo modesto. Enséñame el poder oculto
de la tierra rica y oscura que reside
incluso en la semilla más pequeña.

MAPACHE

Ver también: oso, ardilla, mofeta

Animales relacionados: ratón, paloma, rata

Elemento: tierra

- Ingenioso y adaptable
- Travieso
- Equilibrado

Enseñanzas para recordar cuando te encuentres con mapaches

¿Te has despertado alguna vez de golpe al oír un fuerte ruido en el exterior de tu casa? Quizá no los hayas visto en ese momento, pero los mapaches, con su carita de bandidos, podrían ser los responsables de las travesuras nocturnas. A estos animales les encanta jugar a resolver problemas. También se les conoce con el nombre de «osos lavadores» por la costumbre de manipular los alimentos en un hábitat silvestre. Pueden meterse en todo tipo de líos desde nuestro punto de vista. Pero desde el suyo, aprovechan la noche para adaptarse y convivir con los humanos. En el medio urbano aprovechan los restos de comida arrojados a los contenedores de basura para alimentarse. Junto con las palomas, las ratas y las ardillas, han demostrado ser increíblemente ingeniosos a la hora de cambiar sus hábitos y conductas silvestres para adaptarse a una gran variedad de entornos. A diferencia de sus primos más salvajes, sobreviven donde otros animales no logran prosperar. No debemos ignorar esta poderosa enseñanza. Los humanos tenemos que esforzarnos en sanar a la Madre Tierra, mediante la conservación de los espacios naturales, y al mismo tiempo podemos admirar a los animales que persisten en ser inventivos en circunstancias nuevas.

En el folclore, los mapaches presagian travesuras. Meterse en los cubos de basura, colarse por las portezuelas de las entradas de mascotas y aterrorizar a las gallinas del gallinero no son más que nimiedades comparado con lo que pueden llegar a hacer. Sus hábiles zarpas delanteras y su gran inteligencia les permiten arreglárselas para entrar y curiosear en todo tipo de espacios humanos en los que no deberían entrar. Emplean sus zarpas para agarrar y sujetar la comida y objetos muy diversos.

Además de esta fama de animales traviesos, los mapaches que viven en el medio natural también son conocidos por su costumbre de sumergir la comida en el agua de los ríos antes de comérsela. Esta costumbre se ha observado en tantas culturas distintas que muchos de los términos con las que se designan los mapaches en otras lenguas se traducirían más o menos como «oso lavador». Si bien no está claro si los mapaches lavan o no la comida en el agua, la asociación folclórica con el aseo y la limpieza es muy marcada. Así que los mapaches no solo personifican los aspectos simbólicos del caos, sino también los del orden y la limpieza.

Plantéate estas preguntas

- ¿Qué abundancia puedes encontrar a tu alrededor? Cuando las cosas se ponen difíciles. ¿Pensar con rapidez y adaptarte a las circunstancias cambiantes te ayuda a encontrar un tesoro en lo que parece que es basura?

- Lo que consideramos una travesura no es más que el acto de otro ser que lo ve de una forma distinta. Si te sientes frustrado por un «mapache» en tu vida, quizá se trate de un niño pequeño sembrando el caos, ¿puedes intentar ver el mundo a través de sus ojos?
- En ocasiones, un orden absoluto no es lo más aconsejable. ¿Cómo puedes introducir algún cambio positivo y rejuvenecedor para amenizar tu jornada con un soplo de aire fresco?

Invoca al espíritu del mapache

Siempre es interesante observar a un mapache curioseando, pensando y descubriendo cómo hacerse con el siguiente bocado. Hay muchas formas seguras de observarlo.Hay muchos vídeos graciosos sobre las travesuras de los mapaches.

Piensa en cómo puedes aplicar las enseñanzas de estos animales en tu vida. ¿Cómo reaccionas a los cambios? Si una situación deja mucho que desear, pero no está a tu alcance cambiarla, ¿puedes encontrar nuevas formas de adaptarte? En ocasiones, es importante resistirse a los cambios, pero también es una gran virtud aceptar algunas situaciones tal como son y seguir adelante.

Oración para la energía del mapache

Amigo mapache travieso que equilibras el caos
con el orden, oso lavador,
enséñame a aceptar la información y las
situaciones nuevas y a adaptarme. Ayúdame
a aprender a descubrir mi sabiduría juguetona.

MARIPOSA

Ver también: libélula, colibrí, polilla

Elementos: aire y tierra

• Sustentadora
• Transformadora
• Inspiradora

Enseñanzas para recordar cuando te encuentres con mariposas

La delicada y etérea mariposa ha embellecido nuestros jardines, ha revoloteado alrededor de nuestras creaciones artísticas y se ha posado en nuestro cuerpo en forma de joyas impresionantes desde hace miles de años. Como obras de arte vivientes, nos traen liviandad, inspiración y positividad, y nos recuerdan la asombrosa habilidad de todo para cambiar y transformarse. Encarnan la paradoja de la fuerza y la fragilidad: son livianas y cautivadoras, sus alas son finísimas y delicadas, y no toman alimentos sólidos, solo viven del néctar de las flores. Sin embargo, algunos de estos seres etéreos, efímeros y sensibles (la especie más conocida es la mariposa monarca), se las ingenian para emprender migraciones de miles de kilómetros. ¿Cómo es posible que un animal tan frágil realice un viaje tan arduo?

No es de extrañar que se la asocie al alma en muchas culturas. Fantasmagóricas y efímeras, las mariposas inician su vida como orugas; es decir como seres terrestres. Para completar su transformación física, el cuerpo de la oruga se disuelve en la etapa de la crisálida en una masa viscosa, y después se reestructura y reconstruye para renacer como la criatura alada que conocemos. Estudios recientes han revelado que las mariposas «recuerdan» estímulos vividos en su etapa de oruga: su esencia se mantiene a lo largo de esta profunda transformación.

En algunas culturas las mariposas son un símbolo del alma eterna que reside en cada persona a lo largo de la vida y en el más allá. En otras, en cambio, se asocian más bien con los espíritus errantes de los muertos. De cualquier forma, la sabiduría de la mariposa nos transmite una fascinante historia de viajes interiores, cambios, crecimiento y transformación. Cuando nos enfrentamos a un cambio profundo en nuestra vida —sea físico, emocional, espiritual o de otro tipo— esa experiencia tiene una gran similitud con el espíritu de una mariposa.

Las transformaciones no son fáciles ni cómodas. Por más necesaria o por más renovadora que sea una metamorfosis, experimentar este cambio puede ser horroroso. Dejar lo viejo y crear lo nuevo requiere mucha fe, fuerza y vulnerabilidad. En el proceso podemos darnos permiso para llorar lo que hemos dejado atrás y pedir ayuda y protección mientras realizamos el viaje. Durante el tiempo en que el alma está sometida a prueba, podemos recurrir al espíritu de la mariposa para pedirle que nos guíe y nos ayude a recordar que tras esta gran reconfiguración, nos esperan unas alas.

Plantéate estas preguntas

- ¿Percibes que alguna transformación empieza a tener lugar en tu vida? ¿Qué necesitas llevar contigo en tu capullo y qué dejarás atrás?
- ¿Has olvidado que cualquier cosa que vaya a ocurrir en el futuro está presente en este momento en tu vida en forma de semilla o etapa

larval? ¿Puedes centrarte en lo que te gustaría alimentar en el presente para poder transformarlo con intención en el futuro que deseas?

- Si te sientes atrapado, ¿puedes buscar la belleza y la liviandad que te rodea? El animal más liviano del mundo es capaz de realizar los viajes más difíciles.

Invoca al espíritu de la mariposa

Cultiva un jardín que atraiga a las mariposas con plantas como la monarda, el aciano y las zinnias. Y lo más importante de todo, elige plantas que las orugas puedan mordisquear. Por ejemplo, las mariposas monarca solo se alimentan de algodoncillo (asclepia). Esta clase de jardín atraerá también a las abejas nativas y a otros polinizadores esenciales. Una amiga mía sembró algodoncillo en su jardín, y en octubre su jardín acoge a un gran número de mariposas monarca que se dirigen hacia el sur. Su recorrido diario para ver si tiene alguna carta en el buzón se llena en este mes de luz y del revoloteo de alas anaranjadas.

En el aspecto espiritual, tal vez desees reflexionar sobre la idea de que en nuestra vida siempre estamos viviendo alguna etapa o alguna gran transformación. Mientras meditas sobre el viaje que ha realizado tu alma hasta el presente, dedica un rato a escribir en tu diario sobre tus experiencias desde la perspectiva de una mariposa. ¿Cómo ha sido vivir la etapa de oruga de una transformación en particular? ¿Y cuando estabas en un capullo? ¿Y cuando saliste como mariposa? ¿Cómo te puedes preparar para el tumulto y el caos de este proceso? Recuerda que la mariposa es una poderosa aliada para ti y que es más fuerte de lo que parece. Mientras reflexionas sobre tu transformación, dibuja mariposas pequeñas en tu cuaderno y elige una oración con la que te identifiques. Así podrás invocar al espíritu de la mariposa para que te apoye en tu viaje.

Oración para la energía de la mariposa

Espíritu de la mariposa, hermana mía,
almita que vives de las flores,
lleva tu cautivadora belleza a mi
corazón y pósate en él, susúrrame
tu sabiduría. Enséñame a aceptar
este proceso de transformación
para que me salgan alas y yo también pueda volar.

MEDUSA

Enseñanzas para recordar cuando te encuentres con medusas

Las medusas, translúcidas, silenciosas, extrañas, delicadas y mortíferas, pueblan los inmensos océanos como flores marinas de otro mundo. Nos enseñan sobre la fuerza de la diversidad y la belleza, y sobre el deseo de dejarse llevar por la corriente. Han evolucionado en una variedad inmensa y fascinante de formas, colores y tamaños, incluso tienen nombres poéticos: medusa luna, medusa sombrero de flores, medusa crin de león, medusa cristal, medusa farolillo rojo de papel, medusa peine de sangre en el vientre, medusa de ortiga negra, medusa de huevo frito, medusa coronada, medusa rosada, medusa velero, medusa bola de cañón, medusa de coliflor, y la lista sigue.

Animales relacionados: coral, anémona de mar

Elemento: agua

- Poética
- Luminosa
- Creativa

Solo se ha catalogado una fracción de las diversas clases de medusas, y los biólogos marinos creen que existen cientos de miles de especies más que nunca se han visto. Te recomiendo que pases un tiempo observando una medusa en un acuario. Disfruta durante varios minutos del sosegado flotar de una medusa, una poesía viviente, o ponte esta imagen como fondo de pantalla para que impregne tu espacio de calma e inspiración.

Todas las medusas pertenecen al subfilo Medusozoa, el nombre viene de la leyenda griega de Medusa, cuyos cabellos se transformaron en un nido de víboras venenosas. Muchas medusas tienen células urticantes en sus largos tentáculos a modo de cabellos que producen dolor y en ocasiones la muerte por contacto. Este doble aspecto es parte de la medicina de las medusas: la belleza tan grande y sorprendente de una medusa combinada con la necesidad de respetar al máximo los límites es toda una enseñanza en sí misma de la Madre Tierra.

Además, cerca de la mitad de las medusas conocidas son bioluminiscentes, es decir, brillan en la oscuridad. Este brillo natural es un señuelo para confundir a los depredadores o atraer y fascinar a sus presas, y también les ayuda a comunicarse. Incluso sin ser bioluminiscentes todos emanamos una luz interior y nuestros pensamientos y acciones nos hacen brillar en el mundo.

Plantéate estas preguntas

- ¿Qué luz irradias en el mundo? ¿Qué puedes hacer para que esta luz sea más potente?
- ¿Cómo comunicas la belleza a los demás? ¿Por medio del baile, la música, la poesía, una organización, una comunidad?
- ¿Dónde ves la diversidad expresada en tu vida personal y cómo puedes aumentarla?

Invoca al espíritu de la medusa

Una forma estupenda de establecer una conexión con la belleza y la elegancia creativa de una medusa es sumergirte en la poesía. Si crees que la poesía cuesta de entender o te intimida escribir poemas, recuerda que no es más que una creencia que adquiriste en alguna parte. No tiene por qué ser verdad. Una manera sencilla de empezar a apreciar la belleza de la poesía es leer y escribir un *haiku*. Esta sencilla, aunque profunda, forma poética japonesa, como quizá ya sepas, es un poema de tres versos en el que cada uno tiene un número determinado de sílabas: cinco sílabas en el primero, siete en el segundo, y cinco en el último. Tradicionalmente, los *haikus* tratan sobre el mundo natural. Este tipo de parámetros estrictos a veces ayuda a que fluya la creatividad, pero si prefieres saltártelos, hazlo con toda libertad.

Puedes inspirarte en las imágenes de medusas filmadas con cámaras web en vivo, e intentar escribir un haiku tras contemplar a estas criaturas flotando por la pantalla durante varios minutos. Mientras las contemplas, respira hondo para relajarte y suelta cualquier tensión del día. Deja que las palabras se presenten de manera natural en tu mente mientras contemplas a las medusas, y escribe lo que se te ocurra. Cuando estés listo, intenta extraer de esta experiencia una observación o una emoción, y exprésalo en los tres versos cortos de un *haiku*.

Oración para la energía de la medusa

Medusa flor marina,
poesía del océano que
proyectas una intensa luz interior.
Belleza de otro mundo,
brillo delicado de los latidos
del océano oscuro y tranquilo.

MOFETA

Enseñanzas para recordar cuando te encuentres con mofetas

Imagina tener una cara bonita, un atuendo blanco y negro, y la fama de gran controladora de plagas, pero todo el mundo solo te conoce por tu apestosa táctica defensiva. ¡Qué peste! El olor fétido permanece en el lugar durante mucho tiempo. La mofeta sabe apuntar con precisión y el hedor es tan fuerte e irritante que puede causar ceguera temporal. Una mofeta diminuta puede asustar a un animal tan grande como un oso. Tener fama de apestoso sirve para que te dejen tranquilo y en paz en la naturaleza. Los depredadores se mantienen lejos de las mofetas y estos animales raras veces se involucran en ningún tipo de conflicto.

Es de agradecer que ya no se siga afirmando que en el reino animal impera la brutalidad La

Ver también: hormiga, serpiente de cascabel

Animales relacionados: escarabajo bombardero, cangrejo, avispón, hormiga suicida de Malasia, gamba pistola, puerco espín, lagartija cornuda texana

Elemento: tierra

- Apacible
- Curiosa
- Respetada

realidad es mucho más matizada y compleja, el reino animal es un mundo comunitario de concesiones mutuas y de vaivenes de hambre y excesos. La mofeta es la muestra viviente de este cambio. En una lucha, no huye ni se esconde, simplemente se crea una fama que la mantiene a salvo gracias a su apestosa advertencia. Cuando un animal la ataca, suele ser un ejemplar joven e inexperto que aprende rápidamente su lección. La mofeta es una maestra que fija los límites de su terreno con claridad meridiana.

Quizá creamos que es necesario pelear para defendernos. En el mundo hay muchas oportunidades para elegir la violencia. Los humanos tenemos las herramientas y los medios para ejercer una violencia inconcebible sobre los demás. Y nos armamos hasta los dientes en nombre de la «seguridad personal» ante las amenazas percibidas. Y, sin embargo, hay muchas otras alternativas. Podemos fijar límites firmes, dejar claro nuestro poder en términos muy evidentes, ocuparnos de las amenazas reales en lugar de las imaginadas, y ganarnos el respeto por nuestra fama de no violentos. Al igual que le ocurre a la mofeta, la no violencia puede representar una fuerza y un poder inequívocos y memorables.

Plantéate estas preguntas

- ¿Estás inmerso en una situación difícil que podrías afrontar de otra manera?
- ¿Hay alguna situación en tu vida que pueda beneficiarse de una solución creativa no violenta?

Invoca al espíritu de la mofeta

La mofeta es un gran símbolo de la autodefensa creativa, y muchas disciplinas de artes marciales enseñan que la violencia solo debe utilizarse como último recurso. Para invocar las poderosas enseñanzas de la mofeta, aprende o practica uno de estos métodos de autodefensa. O también puedes adquirir formación en la mediación y la resolución no violenta de conflictos. En un mundo que puede parecernos violento y agresivo, y en una cultura del miedo, podemos olvidar que tenemos muchas herramientas a nuestra disposición para lidiar con las amenazas y los conflictos. Y al aumentar nuestra confianza por haber trabajado con estas disciplinas y métodos, la irradiamos físicamente. En tal caso, como ocurre con los rasgos característicos de la mofeta, el aplomo y la serenidad que proyectamos les transmiten a quienes nos rodean que no les conviene meterse con nosotros, pese a nuestra actitud no violenta.

Oración para la energía de la mofeta

Amiga mofeta que practicas
la no violencia y la fortaleza
en tu corazón, enséñame a poner
límites con claridad, a mostrarles a
los demás con mi forma de conducirme y de hablar
que creo en la paz,
pero que tengo el poder para defenderme
si surgen conflictos.

MONO

Animales relacionados: simio, babuino, gibón, gorila, lémur, macaco, tarsero

Elemento: tierra

- Creativo
- Jovial
- Vigorozo, ágil y expresivo

Enseñanzas para recordar cuando te encuentras con monos

Los monos son nuestros parientes más cercanos en el mundo animal, y los humanos ya hace mucho que hemos expresado nuestro estrecho parentesco con ellos al representarlos en la religión, la espiritualidad y el folclore. Los monos, listos y curiosos, con mentes, manos y colas que nunca paran quietas, se desplazan por todo tipo de terrenos y viven en grupos sociales. El dios hindú Hanuman es el dios mono de la fuerza y el valor, y también se asocia con la lucha libre y las acrobacias. La agilidad y energía de los monos son cautivadoras y allí donde va un mono parece crear un torbellino caótico que resulta encantador y agotador al mismo tiempo. Supongo que de ahí viene el término budista *mente de mono,* cuyo significado podemos entender intuitivamente como una mente agitada incapaz de controlar o sosegar sus propios pensamientos.

El movimiento es uno de esos dones que no valoramos lo suficiente hasta que nuestra capacidad para movernos sufre menoscabo. La mayoría de personas han sufrido una lesión en algún momento de su vida, o han descubierto que su movilidad disminuía si han tenido la suerte de llegar a una edad avanzada. Yo creo que podemos cultivar el agradecimiento por nuestro cuerpo en cualquier estado en que se encuentre y disfrutar de todo lo que consigue hacer. Cuando vivimos con una discapacidad, algo que a todos nos ha pasado en algún momento de nuestra vida, la ingeniosa medicina de los monos se inventa nuevas formas de movernos para subsanar nuestras carencias.

El mono salta y baila en el cuadrante de la tierra de la rueda medicinal, vinculado con el cuerpo. El pensamiento occidental tiende a separar el cuerpo de la mente, pero la mente de un mono habita y anima cada milímetro de su cuerpo. A nosotros también nos ocurre lo mismo, aunque lo hayamos olvidado. Por esta razón tenemos que movernos no solo para mantenernos sanos, sino también para fortalecer y renovar nuestra capacidad emocional y nuestra expresión creativa. La creatividad no es exclusiva de los artistas, todos somos creativos, y las ideas ingeniosas y los grandes descubrimientos han surgido en muchas ocasiones de cuerpos en movimiento. Tanto si bailas, caminas, haces senderismo, acrobacias o yoga, los movimientos te llenan el cuerpo de energía y te conectan con la energía viva del mundo orgánico. Simplemente es así. Tu cuerpo es, después de todo, un ser puramente orgánico. Cuando sientes una conexión total con el cuerpo, no puedes evitar estar conectado con la tierra.

Plantéate estas preguntas

- ¿Puedes ver una situación difícil con sentido del humor?
- ¿Cuándo fue la última vez que te pusiste a saltar y a bailar sin razón alguna, o que rodeaste la manzana donde está tu casa corriendo?

- ¿Qué es un cuerpo creativo para ti? ¿Cómo se mueve? ¿Qué explora?

Invoca al espíritu del mono

Jugar, sobre todo a juegos como el de «Simón dice» o a las «charadas», invita la energía positiva del mono, de igual forma que cualquier tipo de baile. Los monos nos enseñan que la risa es la mejor medicina de todas. Sus payasadas disparatadas y traviesas nos hacen reír al instante. La risa, como el movimiento, es curativa tanto en el plano emocional como en el físico. Refuerza los vínculos sociales y alivia la sensación de soledad.

Hay grupos de risoterapia, ejercicios para reír y ¡yoga de la risa! Una amiga mía asistió una vez a una sesión de risoterapia donde un grupo de personas tenían que realizar varios ejercicios concebidos para inspirar risa. Me contó que al principio le pareció absurdo, todos se movían por la sala incómodos y nerviosos fingiendo reír mientras se daban la mano. Pero la risa es irresistible para el cuerpo, y lo que parecía una risa falsa y forzada se convirtió en una risa real al entregarse a la absurdidad de la situación. Al cabo de varios minutos, todos se reían con ganas, y cuando la sesión terminó, los participantes se sentían vigorizados, renovados y felices. Fue como si una neblina se hubiera disipado de la sala, y mi amiga se sintió más ligera tanto física como emocionalmente, y más conectada que antes.

Cuando te ríes, sintiéndote libre y vivo, significa que el espíritu del mono está contigo.

Oración para la energía del mono

Primo mono, ser de pura energía,
ágil e ingenuo, ayúdame a dar las gracias
cada día a este cuerpo sorprendente,
hecho de tierra viva, y al poder de
la risa de alegrar el alma y hacer nuevas amistades.

MURCIÉLAGO

Enseñanzas para recordar cuando te encuentres con murciélagos

Los murciélagos se encuentran entre dos cuadrantes de la rueda medicinal. Son animales de tierra y viven en lo profundo de las cuevas subterráneas, pero son capaces de volar con sus increíbles alas membranosas. En algunas culturas se los considera símbolo del mal o de la muerte, pero al ahondar un poco nos damos cuenta de su asombrosa diversidad y del importante papel que desempeñan en muchos ecosistemas. Polinizan, controlan las poblaciones de insectos y realizan muchas otras actividades en todos los continentes, salvo en la Antártida. Algunas especies de murciélagos son famosas por su órgano de ecolocalización, que les permite cazar insectos por la noche y sortear los obstáculos cuando vuelan a gran velocidad. Así es cómo «ven» en la oscuridad.

El murciélago nos enseña a seguir la reverberación del amor en nuestro corazón y la sabiduría de nuestra intuición en lugar de guiarnos por los ojos. Podemos invocar al murciélago para que nos ayude cuando

Ver también: polilla, búho

Animales relacionados: zorro volador, rata

Elementos: aire y tierra

- Sensible
- Tenaz
- Intuitivo

nos sentimos perdidos emocional o espiritualmente. El murciélago nos ayuda a sintonizar con la frecuencia de nuestra guía interior y a ignorar las distracciones ruidosas y superficiales que nos impiden ver lo que es verdad en nuestro corazón.

También podemos invocar al murciélago para que nos ayude en una noche oscura del alma, cuando nos parece que nunca más volveremos a ver la luz del amanecer. Los murciélagos viven en la oscuridad sin temerla. Es su elemento y les ofrece dones que la luz del día no tiene. Nosotros, como ellos, también los podemos descubrir incluso en los momentos más oscuros de nuestra vida. El murciélago nos ayuda a descubrir estos dones y a cultivarlos.

Plantéate estas preguntas

- ¿Qué te dice hoy tu intuición?
- ¿Te sientes como si estuvieras «en la oscuridad» en algún aspecto de tu vida?
- ¿Cómo podrías beneficiarte hoy al dejarte llevar por el amor que reside en tu corazón?

Invoca al espíritu del murciélago

Para invocar al espíritu del murciélago sal al aire libre al anochecer para ver si tienes la oportunidad de ver alguno volando. Si vives en una zona donde hay una colonia de murciélagos, puedes ir a visitarla por la noche y verlos mientras salen de la cueva en busca de alimento. En internet también encontrarás material relacionado con estos animales. Escucha el sonido de los aleteos y fíjate en la soltura con la que se mueven por la noche en la oscuridad.

Intenta encontrar un lugar con la menor contaminación lumínica posible y cierra los ojos. Deja que tus otros sentidos se despierten. La noche está poblada de muchos sonidos y olores que están ocultos durante el día.

Oración para la energía del murciélago

Hermano murciélago, buscador nocturno
que vuelas sin miedo por el cielo oscuro,
ayúdame a aprender a ver con mi corazón.
Enséñame a escuchar
cuando las luces se apagan.
¡Hermano murciélago, buscador nocturno!

NUTRIA

Ver también: delfín, foca

Animales relacionados: castor, rata almizclera, león marino

Elemento: agua

- Juguetona y alegre
- Curiosa
- Ágil y flexible en cuerpo, mente y espíritu

Enseñanzas para recordar cuando te encuentres con nutrias

Las nutrias, con su piel lustrosa, sus diestras patas y sus largos bigotes, son amadas en el mundo entero. Viven en el mar y en masas de agua dulce, en bosques de algas y bahías, y en ríos caudalosos. Debido a su curiosidad, a su naturaleza social y a que usan herramientas y se llevan las manos al pecho, algunas culturas indígenas consideran que están muy vinculadas a los seres humanos.

Las nutrias se pasan toda la vida jugando. Las jóvenes juegan a perseguirse y muchas parecen divertirse deslizándose por pendientes y realizando saltos acrobáticos y volteretas en el agua. Son muy curiosas y les encanta investigar. Las nutrias marinas se cuentan entre los pocos animales que usan herramientas. Guardan piedras especiales en una bolsa que tienen en el cuerpo para romper la concha de los mariscos. También son el único animal marino que busca alimento debajo de las piedras.Los científicos han descubiertos que el juego es una de las plataformas más poderosas para el aprendizaje y los vínculos sociales de las que disponemos. Cuando las nutrias juegan, parece ser que están adquiriendo sin darse cuenta habilidades que usarán para cazar y eludir a los depredadores. Las nutrias tienen muchas cosas que enseñarnos sobre la importancia del juego, la alegría y el baile.

Las nutrias disfrutan enormemente siendo nutrias. Gordas o delgadas, lustrosas o con el bigote desordenado, en el mar o en un río, gozan de su habilidad para nadar, bucear y saltar. Nosotros, en cambio, nos sentimos sobrecargados y estresados, y nunca encontramos un hueco para jugar o relajarnos. Tomarnos unas breves vacaciones una o dos veces al año nunca llegará a compensar una vida entera llena de problemas y obligaciones. Las nutrias nos recuerdan que debemos disfrutar de la vida que hemos recibido. ¡La vida es un gran regalo! Muchas personas tienen cuerpos ágiles y aptos para correr, saltar, brincar, nadar y dar volteretas. En realidad, cualquier persona tiene un cuerpo con el que disfrutar de alguna manera. Las nutrias nos enseñan a reservarnos siempre un tiempo para gozar de la vida.

El juego y la relajación contribuyen a fortalecer nuestra salud emocional y nuestro sistema inmunitario. Nos permiten eliminar la energía acumulada en nuestra ajetreada vida. Las nutrias nos enseñan que la alegría es primordial.

Plantéate estas preguntas

- ¿Cuándo fue la última vez que pasaste un día, o una hora, jugando y siendo feliz?

- ¿Puedes en este momento dedicar cinco minutos a relajarte, bailar o sonreír ante algo bello?

- ¿Te has tomado algo con demasiada rigidez en tu vida? ¿Podrías abordarlo con una actitud más flexible y tolerante?

Invoca al espíritu de la nutria

Si descubres que habitualmente estás estresado, procura dedicar unos minutos a ver cómo podrías divertirte más en la vida. ¿Puedes hacer un descanso de cinco o diez minutos para ir a pasear brevemente por algún lugar precioso? ¿Hay algún restaurante o parque nuevos que desees visitar? Puedes poner tu música favorita y bailar como un loco. Durante la pandemia de la COVID-19, cuando todo el mundo estaba confinado en su hogar y la mayoría de actividades se habían cancelado, una amiga mía decidió comprarse una piscina pequeña inflable e instalarla en el jardín trasero de su casa para que su familia pudiera chapotear y jugar en un entorno seguro. Aquellas tardes que pasaron holgazaneando en una piscina inflable tan ridícula le ayudaron a superar un tiempo muy difícil. Por eso mi amiga siente ahora un profundo agradecimiento hacia el espíritu de la nutria por la actitud juguetona tan esencial que trajo a su vida.

Oración para la energía de la nutria

Nutria juguetona, lustrosa y alocada
que giras y bailas en el agua,
enséñame a amar la vida, a bailar, cantar
y moverme, aunque parezca ridículo. Ayúdame a
encontrar la alegría que anida siempre en mi corazón.

OCA

Ver también: grulla, cisne

Animales relacionados: pato, garceta, garza, faisán

Elementos: aire y agua

- Creativa
- Instintiva
- Generosa

Enseñanzas para recordar cuando te encuentres con ocas

En un relato mitológico del antiguo Egipto se afirmaba que el mundo surgió del huevo cósmico de una oca. En otros mitos egipcios, fue el sol el que nació del huevo de oca que puso Gueb, la diosa de la Tierra, conocida como la Gran Graznadora. Como cualquier vida animal surge de algún tipo de huevo, es lógico que el voluminoso huevo de una oca se haya convertido en un símbolo de la creación. Las ocas, junto con sus parientes los cisnes, son además madres que protegen con ferocidad a sus polluelos. Y la medicina de las ocas nos recuerda que estamos vinculados con todos los seres vivos del planeta.

En los cuentos populares, las historias acerca de la oca de los huevos de oro nos previenen sobre la codicia. Los chamanes toltecas buscan en los cuentos indicios de alguna posible domesticación. Matar a la «oca de los huevos de oro» significa que al buscar muchos tesoros de golpe, perdemos el tesoro diario que ya tenemos. Pero quizá los huevos de oro no se refieran a la riqueza material, sino a la creatividad y al impulso de una nueva vida. En este caso, cada huevo puesto puede ser de oro, o valioso, y conviene recordar que los humanos también podemos poner huevos: cada día de nuestra vida podemos crear algo con una sensación de maravilla y belleza.

Las ocas pasan la mayor parte de su vida entre dos lugares: un clima templado durante el verano y un clima más cálido en invierno. Las ocas siempre saben cuándo ha llegado el momento de emigrar. Y cuando echan a volar, surcan el cielo en su famosa formación en «V». Mientras realizan el viaje sus graznidos nos recuerdan que el invierno se acerca. Saber cuándo es el momento de echar a volar es la poderosa medicina de las ocas.

Los humanos crían ocas por la carne, las plumas, los huevos y el hígado, del que se obtiene el paté. Sus plumas se emplean como instrumento de escritura y para relleno de edredones. A veces puede resultar difícil tener en cuenta el papel de la domesticación en nuestras relaciones con los animales. En cualquier caso, creo que lo primordial en cualquier relación en la que nos beneficiemos de los regalos de los animales es sentir una profunda gratitud hacia ellos. Podemos honrar la vida de los animales en nuestros actos diarios y también en las prácticas espirituales y ceremoniales que realizamos. Estos son los retos y los privilegios de vivir en una red interdependiente de vida. ¿Con qué clase de regalos le estamos correspondiendo al mundo viviente? ¿Cómo mostramos nuestra generosidad? ¿Con qué contribuimos en la red como un todo?

Plantéate estas preguntas

- ¿Se acerca de manera natural la conclusión de alguna circunstancia de tu vida? ¿De qué formas podrías marcar este final sagrado y honrar este momento de tu vida que dejarás atrás?

• ¿En algún momento de tu vida has recibido un regalo inesperado? ¿Fuiste capaz de recibirlo plenamente, con el corazón abierto? ¿Qué regalo puedes ofrecer para contribuir a expandir la energía de la generosidad?

Invoca al espíritu de la oca

Cuando sea la época de migración, intenta contemplar una bandada de ocas que vuelan a lugares más cálidos. Escucha sus graznidos e imagina cómo será su viaje. Recuerda que se guían por su conocimiento ancestral y por la interpretación de las señales del mundo natural. Imagínate convertido en una oca que desde las alturas divisa la tierra. Déjate impulsar por su intuición para empezar el gran cambio. Quizá creas que tu intuición es débil o que no te inspira confianza, pero ¿qué les ocurriría a estas ocas si ignoraran la suya? Permanecerían en un lugar demasiado frío, sin alimentos, calor ni comunidad. Cuando no escuchamos nuestra intuición o la reprimimos, también podemos poner en peligro nuestra propia vida.

Intenta pensar en algún momento de tu vida en que esta lección te haya ido de maravilla. Si te enfrentas a un cambio o a una transición difícil, invoca al espíritu de la oca para que te ayude a escuchar tu voz interior. Tal vez te esté diciendo que ha llegado el momento de iniciar un gran viaje hacia lugares más fértiles y sustentadores.

Oración para la energía de la oca

Oca graznadora, dotada de poder creador
y generadora de oportunidades nuevas,
ayúdame a escuchar mi intuición, a saber en
el fondo de mi corazón cuándo ha llegado
el momento de echar a volar.

OSO

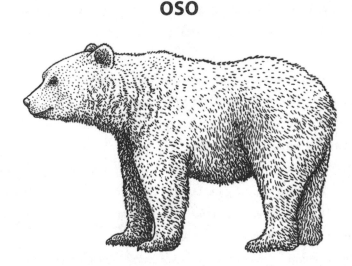

Animales relacionados: canguro, koala, oso panda

Elemento: tierra

- Poderoso
- Protector
- Ingenioso e inteligente

Enseñanzas para recordar cuando te encuentres con osos

¿Te imaginas que te topas con un oso en el claro de un recóndito bosque? Se levanta sobre las patas traseras, mostrándote los colmillos y las garras tan afiladas como cuchillas. A la mayoría de personas este encuentro nos dejaría paralizados. Sin embargo, desde los albores de la humanidad nos han apasionado los osos. Honramos y veneramos su poder, fuerza e inteligencia, y en muchas culturas la forma y las intenciones de los osos se comparan con las de los seres humanos. A menudo se atribuye a los humanos el poder de transformarse en osos en una batalla, en una ceremonia o en un ritual sanador. Los osos también se han venerado como dioses bajo una forma animal.

Los osos nos gustan tanto que les regalamos ositos de peluche a nuestros hijos y escribimos historias cautivadoras sobre personajes como Winnie the Pooh, el Oso Paddington y Los Ositos Cariñosos. En cambio, no lo hacemos con otros poderosos depredadores, como los tiburones o los halcones. ¿Por qué los osos ejercen tanto poder sobre nosotros?

Los osos, al igual que los humanos, son inteligentes e ingeniosos. En cierto sentido, sus cualidades parecen sobrehumanas. Son más grandes y fuertes que nosotros, y se mueven con mucha más agilidad. Se dice que los curanderos indígenas han aprendido la medicina de las plantas de los osos, ya que estos animales la usan para curarse. También utilizan herramientas, juegan, lloran la pérdida de un ser querido, y protegen con ferocidad a sus crías. Los osos son capaces de arriesgar su vida para salvar a un miembro de su familia.

El espíritu del oso es un popular animal de poder y un aliado increíble para cualquier intención o afán humano, como desear gozar de comodidad, protección, curación o de conexión con el espíritu. Es por lo tanto muy natural que nos atraiga este animal tan fuerte y hábil. Téngase presente que los osos nos ofrecen una gran variedad de enseñanzas sutiles, aparte de las evidentes, y cada cual tiene que descubrirlas por sí mismo. No te preocupes, sabrás cuál es la que a ti te conviene. El compromiso de los osos con su familia y su forma de retirarse para hibernar, conservar la energía y vivir épocas difíciles de escasez, también es una fuente de inspiración. A medida que tu relación con estos poderosos aliados se haga más estrecha, con el paso del tiempo te irán revelando una sabiduría más matizada y significativa.

Plantéate estas preguntas

- ¿Podría el descanso ayudarte a superar alguna situación estresante en tu vida ?

- ¿Necesitas un aliado con una fuerza sobrenatural y con poderes sanadores? ¿Qué aspectos de tu vida podrían beneficiarse de la explosiva energía del oso?

Invoca al espíritu del oso

Puedes adquirir la sabiduría de animales con la clase de poder mitológico como el del oso, mediante el acto de soñar. Los osos tienen una conexión metafórica con el soñar porque durante la hibernación viajan por lo que algunas culturas chamánicas han considerado el ultramundo, el paisaje del sueño variado e imprevisible relacionado con el espíritu y la divinidad. Los sueños nos permiten acceder de manera poderosa al simbolismo mítico y a la sabiduría del subconsciente.

Para aprovechar el poder de tus sueños, anótalos en un diario. Reserva un diario o un cuaderno para este propósito, y déjalo al lado de la cama junto con un lápiz o un bolígrafo para escribir tus sueños en cuanto te despiertes, cuando aún los recuerdes. No es necesario que lo que escribas tenga sentido o que pases mucho tiempo analizándolos. Hay diccionarios oníricos llenos de significados o interpretaciones, pero se trata de los relatos de los sueños de otros. Es más poderoso seguir las historias y los patrones de tus sueños y descubrir la simbología personal que te ofrecen.

Para invitar al espíritu del oso en tus sueños, puedes practicar la incubación de sueños. Medita un momento antes de acostarte e invoca después al espíritu del oso para que te envíe un sueño o te visite en el otro mundo. Si tienes una pregunta que últimamente te preocupa, formúlasela. Fíjate en especial en tus sueños mientras los anotas en tu diario a la mañana siguiente, sobre todo si tienen que ver con osos o con animales de poder. Esta práctica invoca a la sabiduría de tus animales de poder y, al mismo tiempo, te permite acceder a las poderosas percepciones del subconsciente.

Oración para la energía del oso

Gran oso, poderoso y fuerte,
protector feroz y tierno,
permanece a mi lado mientras viajo
al país de los sueños.
Ayúdame a encontrar la sabiduría de mi mente
para resolver los problemas en las horas de vigilia.

OVEJA

Ver también: vaca, cabra

Animales relacionados: antílope, borrego cimarrón, cabra de las Rocosas, ñú

Elemento: tierra

- Compasiva y apacible
- Flexible
- Respetuosa y cortés

Enseñanzas para recordar cuando te encuentres con ovejas

En inglés, llamar a alguien «oveja» como insulto —y que en español equivale a llamarle «borrego»— refleja una profunda ignorancia sobre estos animales que viven en rebaños. Es subestimar la ayuda y protección mutua del rebaño, sus vínculos sociales sustentadores y la sabiduría de muchas mentes y cuerpos que trabajan juntos. Desde la perspectiva humana, tal vez no sea agradable pensar en existir solo en un grupo cohesionado, pero para las ovejas y otros animales vivir solos es mucho más aterrador. La cabra solitaria de una amiga mía se acabó encariñando de las gallinas del gallinero, y ahora esta sensación de pertenecer a un grupo contribuye a que se sienta tranquila.

Las ovejas tienen una larga historia en la tradición religiosa y en la cultural como representantes de la paz, la compasión y la apacibilidad, cualidades que podemos cultivar manteniendo a la vez nuestro sentido de individualidad y nuestro propio criterio. Los carneros (las ovejas macho), en especial los borregos cimarrones, oriundos de Norteamérica, transmiten fuerza y poder. Estos magníficos animales trepan con firmeza hasta las cimas de las montañas para evitar a los depredadores. Todo esto nos recuerda que aunque los relatos sobre ciertos animales y sus enseñanzas o poderes, quizá no te parezcan creíbles, siempre hay cosas por descubrir en la complejidad y variedad del mundo natural.

A las ovejas domésticas criadas para la producción de lana las esquilan en una determinada época del año. Si observamos con atención nuestra vida y nos fijamos en el ir y venir de los ciclos, descubrimos que nosotros también vivimos en nuestra vida momentos de acumulación y momentos de desprendimiento. Algunas tradiciones espirituales relacionan estos ciclos con la luna o las mareas, ya que experimentan ciclos regulares crecientes y menguantes. Al reflexionar sobre este patrón común, aceptamos los vaivenes de la vida con naturalidad y serenidad, a sabiendas de que todo funciona por ciclos y que la situación actual, sea positiva o negativa, no durará para siempre.

Vale la pena detenerse en de dónde les viene a las ovejas la fama de animales gregarios. Desde hace siglos los pastores cuidan rebaños de ovejas. Y el arquetipo del pastor nos ofrece un importante referente cultural. El cristianismo, el judaísmo y el islamismo dependen de la relación metafórica entre el rebaño y la figura del pastor como modelo de liderazgo espiritual, y esto forma parte de nuestra imaginación colectiva. Creo que es interesante saber que los rebaños salvajes de ovejas se llevan bien sin la intervención de un líder humano. Los rebaños domésticos también pueden convivir sin la presencia de un pastor. Y a menudo el papel del pastor es en calidad de ser el dueño de las ovejas en lugar de ser el guía. La antigua historia de las ovejas que siguen sin rechistar al pastor ha servido desde hace mucho tiempo para justificar a los líderes que anteponen la autoridad y el poder por encima de las cualidades más apacibles de escuchar, recuperar el equilibrio y promover el bienestar. En este contexto, la verdadera autoridad se desprende de la habilidad del pastor de cuidar a sus ovejas y protegerlas, y también de la relación recíproca de colaboración entre las especies. En medio de un rebaño tranquilo y feliz, que pasta en las llanuras, es imposible no sentirse conectado a la tierra y a la sabiduría de todas sus criaturas sagradas. Al margen de lo que pienses de los rebaños y los pastores, te animo a confiar en tu propia sabiduría y a dejarte guiar sin temor o a ser un líder valeroso, según lo que te dicte tu prudente criterio, ya que ambas cosas son esenciales.

Plantéate estas preguntas

- ¿Te piden que te desprendas de algo a lo que te aferras desde hace mucho tiempo?
- ¿Te piden que intervengas en algún asunto para pacificarlo? ¿Hay algún conflicto en tu vida cuya resolución se pueda beneficiar de un liderazgo suave y pacificador?

Invoca al espíritu de la oveja

Para establecer una conexión con la dulce paz y sabiduría de un rebaño de ovejas, puedes reflexionar, escribir en tu diario y meditar, sobre tus ideas acerca de la autoridad, el liderazgo y a quién eliges seguir en tu vida. ¿Quiénes han sido tus maestros y guías? ¿Hay algunos cambios que puedas hacer para alinear más tu vida con los valores que representan? Si decides que una figura o un maestro que antes te influía ya no encaja en tu visión del mundo, piensa en cómo librarte con suavidad de que siga influyéndote en tu vida. Quizá por medio de un ritual de dejar ir en el que visualizas que le das las gracias por lo que hizo por ti en el pasado, pero que reconoces que ha llegado el momento de avanzar por tu cuenta.

Oración para la energía de la oveja

Apacible amiga oveja, seguidora lanuda,
ayúdame a discernir cuál es la
autoridad verdadera y real en el mundo.
Enséñame a ser apacible, a elegir la compasión
y a seguir solo los pasos de quienes merecen
mi confianza.

PALOMA

Enseñanzas para recordar cuando te encuentres con palomas

Durante miles de años las palomas han simbolizado la belleza, la paz y la comunicación. En la antigua Mesopotamia y Grecia las palomas se asociaban con diosas del amor y de la belleza, como Inanna-Ishtar y Afrodita. Las palomas traen paz y buenas noticias, como en las escrituras hebreas, cuando Noé soltó a una paloma al final del Diluvio Universal para comprobar el estado del nivel del agua, y el ave volvió con una rama de olivo en el pico. Las escrituras hebreas y cristianas representan el espíritu de Dios o el Espíritu Santo por medio de una paloma, y se ve la imagen de este pájaro por doquier en las creaciones artísticas religiosas, seglares y políticas.

La paloma pertenece al cuadrante norte de la rueda medicinal, el elemento aire, y ocupa el lugar de un maestro de maestros. Muchos de los maestros humanos más poderosos del mundo comparten sus cualidades con las de la paloma: lo ven todo con claridad y tienen la habilidad de difundir mensajes de paz y amor divino a lo largo y ancho de este mundo. Para alinearnos con la medicina de las palomas no es necesario ser un maestro de la paz. Simplemente podemos recordar, por ejemplo, que las palomas (como sus parientas, las palomas mensajeras) son transmisoras, normalmente, de buenas noticias. Una buena comunicación ayuda a resolver conflictos y trae la paz. También nos permite comunicarnos más estrechamente con el mundo natural. Por ejemplo, tengo una amiga que vive en Texas, que descubrió que cuando oía el canto de las tórtolas, normalmente en febrero, la primavera estaba a punto de llegar.

La medicina de las palomas nos hace sentir más positivos y alegres, nos trae buenas noticias y esperanza en momentos difíciles, y salva el abismo que se abre entre partes opuestas. La próxima vez que tengas problemas, piensa en cómo las enseñanzas de las palomas pueden influir en tu forma de comunicarte. ¿Eres una voz para la paz y la resolución de problemas? ¿Traes la esperanza y la claridad de una paloma?

Plantéate estas preguntas

- ¿Cómo puedes contribuir a que haya paz en tu vida y en la vida de quienes te rodean? ¿Hay algún conflicto personal o interior que puedas resolver para que haya más paz en tu vida?
- ¿Cómo ves el concepto de amorosa bondad en tu rutina diaria? ¿Cómo puedes aumentar tu amorosa bondad hacia los demás, y entre ellos incluso hacia las personas con las que tienes problemas?
- A veces nos cuesta ver las buenas noticias. ¿Dedicas un tiempo a buscarlas y a compartirlas con tu comunidad?

Invoca al espíritu de la paloma

Hay alguna especie de paloma en casi cualquier región geográfica del planeta. Por lo que no te costará encontrarlas en el lugar donde vives. Y aunque mucha gente las vea como una plaga, no olvides que las palomas y las tórtolas son de la misma familia y ¡tienen las mismas cualidades! Los arrullos o zureos de una bandada de palomas o tórtolas se pueden oír tanto en la plaza de una ciudad como en el bosque. Los arrullos y el ahuecamiento de plumas de una paloma sosiegan y calman nuestra agitación interior.

Para establecer una conexión con el espíritu de la paloma lleva a cabo acciones y meditaciones que aporten sentimientos de paz interior, amor y buena voluntad a tu rutina espiritual, como la tradición budista de *metta*, o meditación de la bondad amorosa. Un ejercicio sencillo consiste en cerrar los ojos, respirar de manera lenta y profunda varias veces, e imaginar una paloma en medio del pecho. Al inspirar, la paloma despliega sus hermosas alas blancas, y al espirar, las pliega en una quietud silenciosa y pacífica. Sigue haciéndolo hasta que cada parte de tu corazón y de tu mente se impregnen de la paz innata de una paloma.

Oración para la energía de la paloma

Mensajera alada, grácil paloma
portadora de una rama de olivo,
préstame tu dulzura.
Ayúdame a comunicarme pacíficamente
en cualquier aspecto de mi vida.

PAVO REAL

Enseñanzas para recordar cuando te encuentrascon pavos reales

Los pavos reales destacan en una multitud de una manera especial. *¡Mírame!*, es como si gritaran con las marcas de los «ojos» de su cola devolviéndonos la mirada. Se pavonean, bailan y vigilan su territorio con el atuendo más deslumbrante y extravagante del reino animal. El pavo real es un símbolo de exuberancia y esplendor, y durante siglos ha sido una fastuosa mascota favorita de las élites en todo el mundo. Los pavo reales defienden ferozmente su territorio y se han empleado para proteger a los humanos o al ganado de las cobras o de las serpientes de cascabel. Por lo general, reverenciamos y respetamos a las aves que se alimentan de serpientes, como las águilas, los halcones y las garzas.

Ver también: mariposa, libélula, colibrí

Animales relacionados: urogallo, garza, faisán

Elementos: tierra y aire

- Divino
- Esplendoroso
- Gozoso y exuberante

El pavo real, con sus graznidos fuertes y estridentes, parece gritar que hay un tiempo para el silencio y la simplicidad, pero que ahora es el momento de la alegría y de la celebración exuberante. Reír a carcajadas, mostrando tu labor con orgullo, celebrando las maravillas de los colores, creando arte y música, bailando y propagando alegría, es la actividad que favorece la energía del pavo real. Es más, cuando llevamos una vida equilibrada, los momentos de celebración colectiva son más profundos.

En la mitología y en la cultura, el pavo real se asocia generalmente con la divinidad y la inmortalidad, y en algunas tradiciones hindúes y budistas esta ave rompe el círculo del tiempo, simbolizado por la serpiente. El pavo real, por lo tanto, no solo nos invita a considerar nuestras creencias sobre lo divino y cómo se manifiesta en el mundo, sino también a observar nuestra relación con el tiempo y la muerte. Nadie vive eternamente, y este hecho confiere a nuestra vida transitoria significado y propósito. Razón de más para vestirnos con ropa con los colores más vivos que tengamos y para celebrar intensamente la vida y el momento presente en toda su variedad.

Plantéate estas preguntas

- ¿Qué te hace más feliz? ¿Puedes experimentarlo hoy y sentir de nuevo una sensación de belleza y maravilla?
- ¿Cuándo fue la última vez que luciste tus prendas más bonitas, vistosas o favoritas?
- ¿Vives la vida plenamente? ¿Persigues lo que deseas?

Invoca al espíritu del pavo real

Los pavos reales vagan libremente por los zoológicos y por otros espacios públicos. El cementerio Hollywood Forever de Los Ángeles, alberga una bandada de pavos reales. Una búsqueda rápida probablemente te indique un lugar donde campan a sus anchas. Pero ten cuidado pues son celosos guardianes de su territorio y manten las distancias. Sin embargo, aunque no tengas un pavo real delante de tus ojos, puedes dedicar un rato a abrir tus sentidos a la belleza deslumbrante del mundo natural dondequiera que estés, a los colores radiantes de una puesta de sol, a la detallada gradación de color de las plumas de un pájaro posado en tu porche, o al verdor vibrante de la hierba después de una lluvia purificadora.

Otra forma de atraer la energía del pavo real es acicalándote. A veces limpiar los zapatos, peinarnos bien o hacer lo que sea para sentirnos elegantes y atractivos, es una gran medicina. Cuando te arreglas con el espíritu de la alegría y la celebración en mente, y dedicas un rato a lucir tu mejor aspecto, esta actitud te ayuda a atraer tus deseos. (Y quizá también la atención de alguien especial. Después de todo, sentirte bien en tu piel es el mejor afrodisíaco).

Oración para la energía del pavo real

Pavo real encantador, cautivador, y deslumbrante,
ayúdame a apreciar la belleza del mundo viviente
y a saber cuándo es el momento para
soltarme la melena, bailar con los míos y celebrar
los grandes momentos de la vida con alegría y abandono,
porque la vida es preciosa y maravillosa,
llena de belleza.

PEREZOSO

Enseñanzas para recordar cuando te encuentres con perezosos

Los perezosos se encuentran por doquier. Aunque no me refiero a que estén en las calles de tu ciudad, sino a que están presentes en la imaginación popular. Cuando un animal que lleva miles de años viviendo en el planeta llama la atención de tanta gente, es interesante preguntarnos a qué se debe. ¿Por qué estamos tan desesperados por recibir la medicina del perezoso? Diría que estos animales nos atraen porque son un contrapunto a la vida moderna.

Ver también: tortuga

Animales relacionados: oso hormiguero, armadillo, koala, caracol

Elemento: tierra

- Sosegado
- Apacible
- Discreto

Mientras los humanos somos presa del frenesí y del caos, el perezoso se mueve con lentitud y cautela. Estamos desesperados por sobresalir y acaparar la atención. En cambio el perezoso se acomoda en el follaje de la selva, contento de mimetizarse con el entorno. Corremos de un lado a otro consumiendo energía e información a gran escala y generamos montones de desperdicios, mientras que el perezoso tarda un mes entero en digerir una hoja. Nuestra vida parece discurrir con más rapidez a cada día que pasa, en cambio el perezoso es feliz de avanzar a su ritmo pausado. Bajar el ritmo, descansar, relajarse y dormir se ha convertido en un lujo para muchas personas. Los perezosos nos recuerdan que todo esto es una parte necesaria de nuestra vida.

Los perezosos en estado salvaje duermen solo de ocho a nueve horas diarias pues deben estar pendientes de los depredadores. Pero los que viven en cautividad, en un entorno menos estresante, tienen fama de dormir hasta veinte horas al día. Son célebres por moverse pausadamente por los árboles con desenvoltura y elegancia, aunque al lentísimo ritmo de un caracol.

Sacar partido de la sabiduría de los animales consiste en gran medida en imaginarnos encarnados en sus cuerpos y en sus vidas. Cuando nos encarnamos en el perezoso, apreciamos la sabiduría de su lentitud. La idea de que el perezoso es un holgazán se ha convertido en un mito obsoleto y absurdo. Los perezosos se sirven de su lentitud como mecanismo de defensa. Las presas que se mueven con ligereza llaman fácilmente la atención de diversos depredadores. Pero los movimientos indolentes y sosegados de los perezosos se confunden perfectamente con la ondulante vitalidad de la selva tropical. Los perezosos mantienen además una relación de cooperación con ciertos tipos de algas que camuflan su color y olor, y como su pelo acoge a una gran variedad de insectos, parecen más una planta que un animal, y esto le da un significado nuevo al poder de la cooperación y la autodefensa creativa.

Como ocurre con el antiguo mito sobre el perezoso, quizá nosotros también hemos adoptado una historia sin darnos cuenta, un acuerdo que nos dice que reservarnos tiempo para descansar, sestear o no hacer nada es señal de una terrible pereza. Hemos decidido que solo somos valiosos cuando estamos ocupados. Sin embargo, el descanso, la relajación y un sueño reparador no solo son necesarios para la salud física, sino que además son vitales para relacionarnos plenamente con el mundo, con los demás y con nosotros mismos. Quizá deseemos bajar el ritmo, pero no sabemos cómo hacerlo. Razón de más para intentar invocar las enseñanzas del perezoso en nuestra vida siempre que podamos.

Plantéate estas preguntas

- ¿Descansas y te relajas de forma adecuada? ¿Qué puedes hacer para tomarte un descanso reparador ahora? ¿Puedes reservarte unos minutos para hacer una siesta o para estar en contacto con la naturaleza?
- ¿Tienes la impresión de que no das abasto? ¿Te sientes exhausto? ¿Cómo puedes aflojar el ritmo y apreciar el momento presente?
- ¿Cuándo fue la última vez que estuviste sentado sin hacer nada?

Invoca al espíritu del perezoso

Una forma evidente de establecer una conexión con el espíritu del perezoso es pasar un tiempo sin hacer nada. Cuesta más de lo que parece, y es muy distinto de sestear o meditar, aunque ambas actividades también sean afines al espíritu del perezoso. No hacer nada va en contra de todo lo que nos enseñaron de niños sobre la importancia de estar ocupados y alcanzar logros importantes. Además, no hacer nada puede ser aburrido, y nuestra sociedad ha desarrollado una especie de reacción alérgica al aburrimiento. Los móviles nos entretienen siempre que queremos y los consultamos mucho antes de que el tedio se instale. Pero el aburrimiento también es la fuente de ideas nuevas, creatividad e inspiración. Todos nos podemos beneficiar de un poco de aburrimiento.

Procura reservarte quince o veinte minutos al día para empezar. Apaga el móvil, el televisor y cualquier otro aparato electrónico, y deja a un lado cualquier libro que estés leyendo. Apaga la música o el podcast que estabas escuchando y... disfruta del momento simplemente. Como hemos adquirido la costumbre de evitar aburrirnos, el aburrimiento aprovechará esta oportunidad para bramar como venganza. Quizá sientas el incontenible deseo de levantarte y ponerte a hacer algo, o puede que notes una oleada de ansiedad o de miedo. Pero no pasa nada. Recita una oración y pídele al perezoso que te ayude a tomártelo todo con más calma y a mantener una relación con tu vida espiritual y creativa. Plantéate reservarte en tu rutina semanal, o diaria, un hueco en el que no hagas nada. Tal vez se convierta en tu momento más esperado de paz, descanso e imaginación. En unas renovadoras vacaciones para el espíritu, la mente y el alma.

Oración para la energía del perezoso

Amigo perezoso que te mueves pausadamente
por los árboles, enséñame a tomármelo
todo con más calma para escuchar las
palabras susurradas de la Madre Tierra
al ritmo profundo y enriquecedor de la vida real.

PERRO

Ver también: lobo, zorro, coyote

Animales relacionados: dingo, hiena, perro salvaje

Elemento: tierra

- Leal, afectuoso y devoto
- Servicial y entusiasta
- Emotivo

Enseñanzas para recordar cuando te encuentres con perros

Los perros nos acompañan desde tiempos inmemoriales. Dependemos de la fuerza, los agudos sentidos, la inteligencia y la lealtad de estos animales para que nos proporcionen compañía o protección, nos auxilien en la caza o en el pastoreo, o como guías. Se dice que el vínculo entre perros y humanos tiene como mínimo quince mil años de antigüedad, o quizá más. También se cree que los perros y los gatos domésticos con los que convivimos en la actualidad descienden de animales salvajes que decidieron establecer vínculos con nuestros ancestros. Es decir, hace mucho que la relación es beneficiosa y respetuosa por ambas partes.

Tanto si son adiestrados o criados para una determinada tarea o no, los perros son entusiastas y serviciales, les apasiona aprender y se sienten motivados por los juegos y las recompensas. Algunos perros sufren o se vuelven destructivos si no tienen nada que hacer. En ocasiones, olvidamos esta poderosa medicina de los perros, la de estar a nuestro lado en el presente, entusiasmados por la vida, dispuestos a ayudarnos.

Reconozco que en este tema no soy imparcial. En casa tengo cuatro perros y aunque el día no me haya ido bien, cuando llego a mi hogar siempre se alegran de verme. Se ponen muy contentos cuando llega el momento de comer o de salir a pasear. Saltan locos de alegría cuando alguien viene a casa. Se enroscan y se sumergen en un sueño profundo y satisfactorio a la menor ocasión. Me recuerdan que debo disfrutar de los sencillos placeres físicos. Y sobre todo, agradezco poder compartir mi vida con estos perros, siempre me dejan saber que me quieren, ocurra lo que ocurra. Su afecto verdadero y su leal devoción me levantan el ánimo cada día.

La capacidad de los perros de demostrar amor y afecto es una gran enseñanza que nos ayuda a compensar los momentos en los que nos parece estar rodeados continuamente de malas noticias y actitudes llenas de negatividad, en especial en los medios de comunicación y en internet. ¿Qué ocurriría si imitáramos a nuestros amigos caninos y transmitiéramos al mundo puro amor a diario? ¿Y si recibiéramos cada día, cada persona, y cada aventura nueva, como un perro recibe a su humano preferido cuando este llega a casa? Esta clase de entusiasmo y amor genuinos nos levanta el ánimo a todos.

Plantéate estas preguntas

- ¿Cómo muestras tu amor de forma alegre? ¿Puedes contribuir hoy a animar a un ser querido expresando alegre entusiasmo?
- ¿A qué le eres fiel? ¿Te sale del alma o te sientes obligado a serlo por tu domesticación o hábito? ¿Puedes lograr que tus lealtades sean expresiones más fieles de tu intento?

- ¿Puedes ofrecer tu ayuda cuando nadie se lo esperaba sin esperar nada a cambio?

Invoca al espíritu del perro

Si vives con un perro dispones de un gran maestro todo el tiempo. Y si no es así, hay muchos perros distintos para observar en el mundo y muchos vídeos encantadores sobre estos animales. En los refugios y centros de acogida caninos también necesitan siempre la ayuda de voluntarios, otra forma de interactuar con perros.

La próxima vez que te sientas aislado y solo, o si has tenido un día duro, invoca al espíritu de este animal encantador. Baila antes de salir a dar un paseo o de tomar una comida deliciosa. Difunde tu amor dedicando unos minutos a llamar a un amigo o a visitar a un familiar. Intenta compartir una sonrisa o unas buenas risas con ellos. No solo les alegrarás el día. Te garantizo que tú también te sentirás mejor. Esta es la poderosa reciprocidad de la medicina de los perros: cuando les das amor y atención a los demás, tú también los recibes a cambio.

Intenta, por último, establecer una conexión con la energía del perro practicando una meditación de amorosa bondad. Adopta una postura cómoda y respira hondo varias veces. A continuación, recuerda a una persona o a un animal adorado que sean afectuosos y cálidos. Percibe en tu cuerpo cualquiera de las sensaciones que estas emociones te producen: la sangre que fluye al rostro y al pecho, una sensación de cosquilleo o de calor en el cuerpo, una sonrisa que asoma a tus labios o una risa. Puedes sentir esta amorosa bondad en cualquier momento.

Oración para la energía del perro

Querido perro, afectuoso y juguetón, leal y fiel,
enséñame a amar el mundo con abandono.
Ayúdame a expresarles a los míos lo mucho que les quiero,
y muéstrame cómo ser servicial y cordial con todo el mundo.

PINGÜINO

Enseñanzas para recordar cuando te encuentres con pingüinos

Los pingüinos nos provocan una sonrisa. Ataviados con una especie de esmoquin caminan balanceándose y moviendo las aletas. Nos encanta su aspecto bobalicón y su comportamiento. Hay todo tipo de historias sobre los pingüinos. Un documental cuenta la conmovedora historia real de una familia de pingüinos emperador que vive en la implacable Antártida. Estos animales sociales no temen demasiado a los humanos, por lo que parecen menos salvajes que algunos otros. Puede deberse a que los pingüinos no tienen depredadores en tierra firme. Solo las focas y las orcas los cazan en el agua.

Ver también: foca, gaviota

Animales relacionados: dodo, león marino, morsa

Elementos: agua y tierra

- Diestro
- Valiente
- Feliz

Por otra parte, interpretamos su conducta y su intrépida curiosidad como amistosa y afable. Los pingüinos a veces me recuerdan al personaje clásico de Charlot de Charlie Chaplin que va por el mundo con un valor ingenuo y una confianza absoluta en el prójimo. Sin duda, resulta atractiva la idea de vivir en un mundo benevolente con esta clase de apertura y simplicidad.

Los pingüinos pasan media vida en el agua, y hace muchas generaciones sus alas se adaptaron a ella transformándose en aletas. En tierra firme parecen patosos y desgarbados, pero en el agua bucean y se arquean como si volaran por el aire.

Quizá cuando aprendías a conducir, una curva empinada te hizo sentir como un pingüino en tierra firme. Al aprender una habilidad nueva o un idioma extranjero, o al explorar una ciudad desconocida, quizá creíste que nunca serías capaz de adaptarte. Por ejemplo, probablemente no te acuerdes ahora, pero aprender a conducir es así. El cerebro se satura mientras intenta compaginar la coordinación de manos y ojos, con las normas de circulación, los límites de velocidad y el reglamento de tráfico, al tiempo que puedes verte obligado a tomar decisiones de vida o muerte. Pero al cabo de poco, ya conducimos de forma automática hasta tal punto que al llegar a casa apenas nos acordamos de cómo hemos circulado sin ningún percance. El cerebro instintivo se ha ocupado de ello.

Siempre que me siento agobiado por la incomodidad de aprender algo nuevo, invocó al espíritu del pingüino. Así recuerdo que no pasa nada si me siento incómodo, y que a base de tiempo y práctica, adaptarme a elementos nuevos y nadar en aguas desconocidas acabará siendo algo muy natural para mí. El pingüino me enseña que yo también puedo aprender a «volar en el agua» de formas que antes me parecían imposibles.

Plantéate estas preguntas

- ¿Te has sentido agobiado mientras aprendías una habilidad nueva? ¿Puedes disfrutar de tu torpeza inicial como si fueras un pingüino en tierra firme?

- ¿Te adaptas a ideas y situaciones nuevas con naturalidad?
- ¿Has desconfiado de los demás últimamente? ¿Es ahora un buen momento para mostrar una sonrisa cordial o presentarte a una persona desconocida?

Invoca al espíritu del pingüino

Adquirir y dominar una habilidad nueva exige práctica, determinación y adaptabilidad. El pingüino se ha adaptado a dos elementos distintos y puede inspirarte y animarte en cualquier actividad nueva que desees empezar. Aunque no tengas planeado iniciar un proyecto o un trabajo nuevo, plantéate elegir una habilidad o una forma de expresión creativa que siempre hayas querido aprender. Como estamos hechos para buscar la comodidad, es fácil evitar aprender o probar cosas nuevas. Nuestra rutina se rompe, nos sentimos ridículos, o fracasamos estrepitosamente, pero abordar las ideas y las habilidades nuevas con la intrepidez amistosa de un pingüino es una forma estupenda de ensanchar los horizontes. Además, crecer de este modo crea nuevas rutas neuronales en el cerebro y lo mantiene flexible y activo toda la vida. El conocimiento tiene una cualidad exponencial. Es decir, aprender cualquier cosa aumenta inevitablemente nuestras habilidades en cualquier otra área de la vida. Si te sientes cómodo dibujando, por ejemplo, probar la escultura quizá te intimide, pero esculpir figuras en tres dimensiones te ayudará a mejorar tu destreza en el arte bidimensional. He oído a muchas personas decir que al estudiar un idioma extranjero han comprendido por fin la gramática de su propia lengua. Innumerables atletas profesionales han mejorado su rendimiento al practicar ballet. Deja que el pingüino te guíe mientras aprendes a nadar en aguas desconocidas con una desenvoltura instintiva.

Oración para la energía del pingüino

Amigo pingüino que nadas con tanta agilidad
que parece que vueles por el mar,
ayúdame a afrontar las ideas y
las habilidades nuevas con alegría y curiosidad,
enséñame a ser un navegante valeroso
a lo largo de mi vida.

POLILLA

Ver también: mariposa, búho

Animales relacionados: gusano de seda

Elementos: aire y tierra

- Optimista
- Reverencial
- Hermosa

Enseñanzas para recordar cuando te encuentres con polillas

Las polillas revolotean sigilosamente por la noche con alas de papel, enamoradas de la luna y de la llama parpadeante de una vela. Nos cuentan antiguas historias de pérdidas, recuerdos y temporalidad. Las polillas, como las mariposas, son seres que se transforman, inician la vida como orugas y acaban elevándose por el aire con las más ligeras de las alas. Comparten la belleza de las mariposas, aunque no siempre la advirtamos, y algunas lucen unas marcas asombrosas, como la polilla crepuscular de Madagascar o la polilla Polifemo. Hay algunas polillas diminutas que revolotean en la oscuridad, y otras gigantescas como la gran polilla atlas que puede llegar a ser más grande que una mano humana. En su fase de oruga, las polillas y las mariposas son criaturas terrestres, y bajo esta forma una especie de polilla produce la seda con la que los humanos han creado hermosas telas durante miles de años.

La mayoría de polillas son nocturnas y muchas desempeñan importantes funciones como polinizadoras de las plantas cuyas flores se abren
por la noche. Como son seres nocturnos, se las ha asociado desde hace
mucho tiempo con la luna y la luz de las velas, y también con conceptos
más inquietantes, como la muerte y los fantasmas. A decir verdad, las
polillas parecen fantasmales, revolotean en silencio en la oscuridad, ilu-
minadas brevemente por la luz, como si brillaran. Se dice que algunas
especies son mensajeras de una muerte inminente o de una pérdida de
memoria. Es un buen ejemplo de la conveniencia de estudiar con más
detenimiento el relato domesticado de la polilla y de sacar tus propias
conclusiones.

Se ignora por qué a las polillas les atrae la luz, pero teniendo en
cuenta su frágil belleza y su deseo de buscar la luz en la oscuridad, per-
cibo las enseñanzas de las polillas de poseer la belleza, el silencio y la
veneración por la luz, todo en el contexto de la oscuridad. Siempre sigue habiendo luz, bondad y belleza, incluso en tiempos oscuros. La
muerte forma parte de la vida y podemos abordarla con respeto y reve-
rencia y sin miedo. Hasta podemos ver su propia belleza. La polilla nos
enseña a tener un corazón liviano y tierno en momentos de oscuridad y
a seguir buscando la luz.

Plantéate estas preguntas

- ¿Cuál ha sido tu temporada más oscura? ¿Qué punto de luz alcan-
  zaste en esos momentos?
- ¿Puedes afrontar la pérdida o la muerte con la liviandad de las alas
  de una polilla?
- ¿Has manifestado agradecimiento a tus ancestros —tanto si son
  parientes tuyos como ancestros espirituales— por los hermosos regalos que te han hecho en esta vida?

Invoca al espíritu de la polilla

Establecer una conexión con el espíritu de la polilla y con su búsqueda de la luz es tan sencillo como salir al exterior en una noche de verano y disponerse a contemplar la luna. Procura encontrar un lugar tranquilo, quizá cuando las nubes oscurezcan la luz de la luna. Al cabo de poco, verás polillas revoloteando alrededor de una fuente luminosa cercana, como la luz del porche. Si es posible, apaga la luz y agudiza tus sentidos en medio de la noche. Imagina la noche viva con el aroma de las flores llenas de néctar. Estás rodeado de belleza incluso en la oscuridad, aunque esté oculta.

Espera a que la luna no esté tapada por las nubes y mira hacia la luz. Si has estado viviendo una temporada especialmente difícil, una noche oscura del alma, pídele a la tenue luz de la luna que te guíe.

Oración para la energía de la polilla

Polilla luminosa, luz de luna,
sostenme en la calma y el silencio
de la noche, ayúdame a encontrar una
estrella guía en medio de la oscuridad,
a ver que estoy rodeado de belleza
incluso cuando la luz desaparece.

RANA

Enseñanzas para recordar cuando te encuentres con ranas

Las ranas y los sapos viven entre dos elementos. Nacen en el agua, nadan, cazan a sus presas y desarrollan la respiración branquial, y en cuanto llegan a la plena adultez, salen a la superficie y viven en la tierra, moviéndose una y otra vez entre los elementos del agua y la tierra el resto de su vida. A las ranas se les puede resecar la piel, aunque los sapos regulan su hidratación un poco mejor. Pero la mayoría de estos batracios necesitan disponer de agua cerca o de un entorno húmedo.

Ver también: sapo, salamandra, geco, tritón

Animales relacionados: gusano de seda

Elementos: agua y tierra

- Abundante y sustentadora
- Transformadora
- Renovadora

En los cuentos de hadas, las ranas simbolizan la fealdad, pero en su ser se oculta la nobleza, el talento y la dignidad. Estos cuentos de hadas revelan una especie de transformación, al igual que la transición de renacuajo a rana. Si lo vemos desde la perspectiva de los elementos, podríamos reflexionar sobre lo que significa transformarnos de un estado en el que vamos a la deriva en el mar de nuestras emociones, dejando que controlen nuestro destino, a otro en el que adquirimos las habilidades necesarias para plantarnos en tierra firme. Una vida emocional sana requiere la estabilidad de la tierra, asentarnos en nuestro cuerpo físico sabiendo que estamos seguros en nuestra realidad presente, a pesar de lo que sintamos a cada momento.

Para los antiguos egipcios, las ranas representaban una vida abundante, ya que estos batracios volvían a Egipto cada año cuando las aguas del Nilo inundaban las tierras y, al retirarse, dejaban el fértil lodo que enriquecía los campos para futuras cosechas. El sonido de ranas croando en primavera o en verano nos recuerda la abundancia y la calidez de la estación. El agua es vida, y todo cuanto vive en la tierra depende de ella. La salud de las poblaciones de ranas indica en el acto la salud del agua de los alrededores. La medicina de las ranas nos recuerda la fragilidad y la importancia de nuestras fuentes de agua. Y de esta medicina se desprende que todos dependemos en el sentido físico y espiritual de la salud de nuestro hogar, la Tierra.

Plantéate estas preguntas

- ¿Vives un periodo de sequía? ¿Cómo podría una inundación metafórica renovar tu vida?
- ¿Te sientes cómodo en dos mundos distintos, o funcionas mejor cuando priorizas uno en vez del otro?

Invoca al espíritu de la rana

Para establecer una conexión con el espíritu abundante y transformador de la rana, realiza un ritual de agua. Los rituales de agua y las ceremonias purificadoras han existido en innumerables culturas a lo largo de la historia. En realidad, estamos hechos del agua de los océanos, y de la lluvia caída del cielo que circula por los ríos del planeta.

El agua es sagrada y podemos celebrar sus propiedades revitalizadoras con una ceremonia sencilla y profunda.

Tal vez desees probar este sencillo ritual de agua: invoca al espíritu de la rana antes de la ceremonia. Necesitarás un pequeño cuenco azul lleno de agua y algo para esparcirla. Una ramita fresca de romero es ideal para ello, pero también puedes usar una pluma o una escobilla. En cuanto hayas reunido los objetos en tu espacio o delante de tu altar personal, sostén el cuenco de agua entre las manos, cierra los ojos y respira hondo varias veces. Imagina que expulsas todas tus preocupaciones y angustias como si fueran agua y vuelve al momento presente. Cuando te hayas establecido en él, abre los ojos y toca el agua. Pídele que te imparta sus bendiciones y dale las gracias por su magia vivificadora. Puedes hacerlo diciendo simplemente: «Gracias por tus bendiciones». Sumerge ahora en el agua la ramita de romero, la escobilla o cualquier otro objeto. Tócate la frente primero con el objeto y pronuncia una oración corta de bendición, como: «Bendíceme». Después, rocía con el agua sagrada cualquier otro lugar que quieras bendecir. Por ejemplo tu altar, tu hogar, tu lugar de trabajo, o las personas o las mascotas con las que convives.

Oración para la energía de la rana

Amiga rana, cantarina bajo la lluvia
que albergas el don de la transformación
en tu corazón acuoso, ayúdame a afrontar
mis emociones con la mente y el corazón serenos,
enséñame a dar la bienvenida a las aguas
vivificantes de la alegría y la abundancia.

RUISEÑOR

Animales relacionados: polluela negra, canario, alondra, sinsonte, oriole dorado, tángara, tordo, chotacabras, reyezuelo

Elemento: aire

- Alentador
- Consciente
- Sanador

Enseñanzas para recordar cuando te encuentres con ruiseñores

En las noches de cualquier región de Europa y de algunos lugares de África, el aire vibra con los trinos y el variado registro melódico del canto de los ruiseñores. Aunque no vivan en el continente americano, juegan un papel tan importante en muchos cuentos de hadas, canciones y poemas que muchas personas de esta parte del mundo han oído sus historias y han intuido su valor. Por ejemplo, en el cuento «El ruiseñor» de Hans Christian Andersen, la Muerte decide no quitarle la vida al emperador de China cautivada por el dulce canto del ruiseñor.

Los ruiseñores tienen un aspecto común y sencillo. Sin embargo, su complejo canto es uno de los más hermosos del mundo. Por eso el ruiseñor refleja la fuerza y la belleza del yo. Es fácil quedarnos atrapados en las apariencias, pero el ruiseñor nos recuerda que debemos hacer la labor más profunda de cultivar y mantener nuestro canto interior, nuestro yo real más verdadero. Como la música se asocia con el alma desde hace mucho tiempo, es natural relacionar la idea de una vida interior vigorosa y profunda con el bello y alentador canto del ruiseñor.

El ruiseñor canta por la noche y también durante el día. Lo que añade otra dimensión a las enseñanzas de este pájaro. En un día soleado cuando todo nos va como deseamos, nos resulta mucho más fácil mantener un saludable sentido del yo y el equilibrio espiritual. Pero si podemos cantar en los tiempos más difíciles y oscuros, recurriendo a nuestra fuerza interior y a nuestro yo verdadero, nuestro canto se vuelve mucho más dulce. Al enfrentarnos a retos personales y globales, podemos cantar por nuestra propia recuperación y por la de los demás.

Plantéate estas preguntas

- Cuando te descubras viviendo algún momento adverso, ¿puedes encontrar la fuerza para cantar? ¿En qué consistiría para ti?
- ¿Te fijas solo en tu cuerpo físico últimamente? ¿Cómo puedes mirar en tu interior y reflexionar introspectivamente?

Invoca al espíritu del ruiseñor

La música se entrelaza con el espíritu. Pitágoras, el filósofo griego, sostenía que la «música de las esferas» venía del corazón del universo. En la actualidad, disfrutamos del canto gregoriano, la música góspel, los círculos de tambores y la música pop. La música da voz a la experiencia humana traspasando todas las barreras culturales, teológicas y filosóficas. La música nos une.

Para establecer una conexión con el poderoso espíritu del ruiseñor, incluye la música en tu práctica espiritual habitual. Puedes hacerlo creando una meditación especial o un ritual con una lista de piezas musicales que, al escucharlas, te ayuden a elevar tu conciencia. También puedes tocar un instrumento, cantar, o recitar mantras con regularidad. No esperes hacerlo a la perfección. Lo esencial es conectar con tu yo más profundo mediante la respiración, los sonidos y las sensaciones. El espíritu del ruiseñor estará contigo mientras dejas que tu alma se exprese desde lo más profundo de tu ser. La canción de tu corazón es única y bella tal como es. Cantar o tocar instrumentos con otras personas es otra manera de ampliar tu práctica y profundizar los vínculos interpersonales. Unirte a una banda de música, a un coro de tu comunidad, a un conjunto instrumental, o cantar en grupo o con los amigos, es una forma estupenda de compartir la música con los demás.

Oración para la energía del ruiseñor

Hermano ruiseñor que entonas el canto de la vida
incluso en medio de la oscuridad, enséñame
a abrir mi corazón y ayúdame a que la
canción del alma de mi yo auténtico
resuene en cualquier aspecto de mi vida.

SALMÓN

Enseñanzas para recordar cuando te encuentres con salmones

Para los antiguos celtas de Irlanda y Gales, el salmón era un símbolo de sabiduría y conocimiento. En la mitología galesa, el salmón de Llyn Llyw es el animal más antiguo, y en una historia irlandesa el Salmón del Conocimiento se vuelve sabio al comerse nueve avellanas que habían caído dentro del Pozo de la Sabiduría. El salmón también es un animal sagrado para los habitantes del noroeste del Pacífico, donde es un símbolo poderoso de la vida.

Animales relacionados: pez payaso, piscardo, trucha arcoíris, sardina, pez luna, pez espada, atún

Elemento: agua

- Sabio
- Decidido
- Creativo

El salmón nace en ríos alejados del mar, y emprende un viaje al inmenso océano donde pasa la mayor parte de su vida adulta. Pero en un momento dado, regresa a las aguas dulces para desovar, en el mismo sitio donde nació. Guarda ese recuerdo toda la vida y vuelve al lugar guiado por su instinto. Este asombroso viaje exige perseverancia y el salmón tiene que vencer muchos obstáculos a lo largo del camino. En cuanto completa el círculo, muere en el río donde nació, y su cuerpo alimenta al ecosistema del entorno y también a sus crías, al igual que el verdadero conocimiento alimenta a las generaciones futuras.

El salmón pertenece a la gran familia de peces diversos que viven en el mar y en ríos del mundo entero. Esta gran familia abarca desde peces solitarios hasta miembros de cardúmenes gigantescos que se desplazan con una sincronicidad perfecta. Piensa en cómo las cualidades de estos diversos seres acuáticos, veloces y centelleantes, pueden ayudarte en tu viaje de sanación personal. En especial en lo que se refiere a tu vida emocional. ¿Estás inmerso en un viaje emocional que dura toda una vida, como el del salmón? ¿O prefieres quedarte en las oscuras profundidades del océano? ¿Brincas fuera del agua o te mueves velozmente en su superficie? Recuerda, ni una cosa ni la otra es correcta o incorrecta. Es solo el reflejo de la abundancia de la medicina del salmón.

Los peces, por su condición de criaturas acuáticas, están relacionados con las emociones y con el saludable fluir de una vida emocional equilibrada. Se podría decir que el salmón es el guardián de la sabiduría emocional. La medicina del salmón nos recuerda que debemos respetar nuestros inicios emocionales y realizar el viaje de nuestra vida siendo conscientes de nuestros sentimientos y de cómo se manifiestan en nuestras acciones, deseos y relaciones. Las circunstancias de nuestro alrededor serán tan volubles como el agua, pero lograremos encontrar el camino de vuelta a casa, nuestro yo verdadero. En este lugar es donde se encuentra tu poder creativo, y además dispones de una brújula infalible que te guiará hasta él, solo tienes que seguirla.

Plantéate estas preguntas

- ¿Qué significa la sabiduría para ti? ¿Cuál es la persona más sabia que conoces? ¿Cómo compartes tus conocimientos con los demás?

- Dedica un momento a analizarte: ¿tienes alguna tensión de la que necesites ocuparte? ¿Notas algún bloqueo en tu fluir emocional?

- ¿Dónde se encuentra tu centro creativo, tu hogar? Podría ser un lugar físico, una actividad que te hace feliz o una auténtica relación que te renueva. ¿Cuál es tu recuerdo más temprano de este lugar? ¿Cómo puedes regresar a tu hogar; es decir, a este sitio, más a menudo?

Invoca al espíritu del salmón

Si vives en una zona donde puedes observar salmones salvajes o los peces de un río, o de un entorno marino, ello constituye un regalo maravilloso. Si no es así, puedes establecer una conexión con el espíritu de este ser plateado pasando un tiempo cerca de un río o del mar. Puedes pedirle ayuda al salmón para que te responda una pregunta en particular o te oriente sobre una situación.

En la orilla del agua, calma tu mente y deja que tus emociones y tus «nudos» mentales problemáticos de la jornada se aflojen, se deshagan y fluyan. Imagina una profunda laguna en el corazón de la selva alimentada por una fuente subterránea. La luz del sol cabrillea en el agua y algunas zonas están sombreadas por los árboles del entorno De pronto ves un gran salmón plateado nadando en la laguna. Es el Salmón del Conocimiento, y si le formulas tu pregunta, y luego esperas con paciencia y paz en tu corazón, quizá escuches la respuesta susurrada desde las profundidades.

Oración para la energía del salmón

Soy el agua caudalosa del río,
soy la laguna profunda en el corazón de la selva,
soy la flecha plateada en el mar abierto.
Guardián de la sabiduría, hermano salmón,
libera mi mente y abre la puerta de la sabiduría.

SERPIENTE DE CASCABEL

Animales relacionados: víbora común europea, mamba negra, cobra, pitón, culebra

Elemento: fuego

- Respetada
- Comedida
- Reservada

Enseñanzas para recordar cuando te encuentres con serpientes de cascabel

Las serpientes son maestras poderosas y cuando nos acercamos a ellas con respeto, tienen muchas cosas que enseñarnos. Las treinta y seis especies de serpientes cascabel son oriundas del continente americano. Este tipo de serpiente desempeña un papel importante en las mitologías antiguas de México, en particular en la personificación de Quetzalcóatl, el dios mitad pájaro, mitad serpiente de cascabel, creador del mundo y de la humanidad.

La serpiente de cascabel infunde miedo por su mordedura venenosa. Sin embargo, solo muerde si se la provoca, y si se trata la mordedura con rapidez, raras veces es mortal. También tiene un sistema de alarma: cuando se siente amenazada o le invaden el espacio, nos invita a ponernos en guardia cascabeleando. Si alguna vez has oído este sonido, sabes que te hace parar en seco y que te lleva al presente. Lo más curioso es que estas serpientes no nacen con el cascabel en la cola, les crece más tarde durante una de las mudas de piel.

La serpiente de cascabel está relacionada con el elemento fuego, en parte por necesitar fuentes de calor externas como el sol o una piedra caliente para regular su temperatura corporal. También representa el fiero poder de un espíritu insaciable. Al establecer una conexión con la serpiente de cascabel, aprendemos a establecer límites y a encauzar nuestras ardientes emociones de una forma productiva y provechosa. Por ejemplo, la ira nos da la energía necesaria para abandonar situaciones o relaciones peligrosas, y nos impulsa a luchar por causas justas y nobles, pero también puede ser tóxica. Por lo general, la ira encubre otras emociones más vulnerables como el dolor emocional o el miedo. La serpiente de cascabel nos enseña a equilibrar nuestro temperamento al alejarnos de situaciones que nos «encienden», y al enseñarnos a encontrar fuentes revitalizantes de energía para gozar de ellas y almacenar unas buenas reservas para el futuro. La medicina de la serpiente nos ofrece a todos vitalidad, energía y respeto por la fuerza vital.

Plantéate estas preguntas

- ¿Cuándo fue la última vez que tu temperamento te desbordó? ¿Qué acciones podrías emprender ahora para que te ayuden a moderarte?
- ¿Te permiten los límites de tu entorno sentirte seguro y protegido? ¿Puedes confiar en ti diciendo «no» o «sí» solo cuando lo sientas así realmente?
- ¿Cuándo fue la última vez que tomaste el sol y disfrutaste simplemente del momento?

Invoca al espíritu de la serpiente de cascabel

¡No es necesario que pases un buen rato con una serpiente de cascabel para aprender su sabiduría! Si respetas sus límites, la serpiente de cascabel respetará los tuyos. Quizá encuentres serpientes vivas de cascabel o una disecada en algún zoológico o museo de historia natural, lo que constituye una manera segura de disfrutar de su presencia.

También puedes confeccionar un sonajero para ponerlo sobre tu altar y usarlo en una ceremonia cuando desees recordar las sabias enseñanzas de las serpientes de cascabel. Para hacer un sonajero solo tienes que llenar una calabaza vacía o un recipiente con judías secas.

Oración para la energía de la serpiente de cascabel

Serpiente venerable que zigzagueas hacia el sol
y luego te retiras a la sombra, ayúdame a encontrar
el equilibrio. Gracias a tu guía sé decir
«Este es mi límite», sé usar mi criterio,
la ira es una fuerza de cambio.
Honorable serpiente de cascabel,
deseo alcanzar tu sabiduría.

TIBURÓN

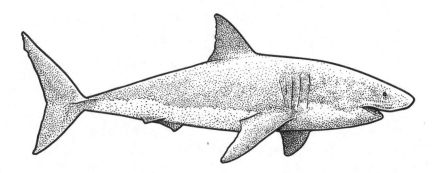

Animales relacionados: anguila, serpiente de agua

Elemento: agua

- Enérgico
- Determinado
- Explorador

Enseñanzas para recordar cuando te encuentres con tiburones

Los tiburones, los grandes cazadores del mar, surcan las aguas abiertas con sus agudos sentidos puestos en todo cuanto les rodea. Al igual que las serpientes, nos despiertan un miedo y una fascinación primitivos, a lo que contribuye un sinúmero de tópicos y relatos domesticados producto de la influencia de películas como *Tiburón*. Miles de distintas especies de tiburones, desde el dócil y enorme tiburón ballena, hasta el diminuto tiburón linterna enano, forman parte de los ecosistemas marinos vivificantes. Al contrario de lo que ocurre en nuestras narraciones, en el mundo natural no hay héroes ni villanos, todos los seres ocupan un lugar especial sagrado en la red de la vida.

La energía del tiburón se puede ver como una concentración incesante y una gran variedad de experiencias sensoriales, combinadas con la agilidad y el dominio del agua, el elemento relacionado con las emociones en la rueda medicinal. El miedo a los tiburones nos viene también en parte de este aspecto elemental. Sentimos que nuestro mundo emocional está «bajo la superficie», lleno de peligros invisibles y de corrientes que apenas podemos controlar. Sentirnos cómodos con la medicina del tiburón nos alinea con la gran fuerza marina de nuestra vida emocional. Si solo vivimos en la superficie, seremos vulnerables a los ataques emocionales inesperados. Las emociones antiguas enterradas o sin procesar torpedean nuestra zona de comodidad y pueden hacernos mucho daño. Pero si buceamos por las profundidades y vemos lo que realmente nos ocurre con un corazón valeroso, aprendemos a sentirnos cómodos con nuestras emociones como un tiburón en aguas profundas.

Las culturas isleñas indígenas veneran a los tiburones por su fuerza y poder, cualidades que casi nunca utilizan para matar y devorar seres humanos. En realidad, los humanos somos una amenaza mucho más letal para ellos que a la inversa. Los tiburones nos pueden enseñar muchas cosas sobre las emociones. Los sentimientos intensos como la pena o la rabia a veces nos parecen peligrosos, incluso mortales, hasta que vemos que podemos sentir cualquier emoción con absoluta seguridad si la dejamos fluir sin que nos arrastre. Nuestro miedo a los sentimientos, como nuestro miedo a los tiburones, es totalmente desproporcionado si tenemos en cuenta que, en realidad, apenas suponen una amenaza real.

Los tiburones son famosos por su agilidad y rapidez, se deslizan por el agua a una velocidad de ocho kilómetros por hora. Algunos tiburones, entre ellos el icónico gran tiburón blanco, nadan con aceleraciones increíblemente rápidas para evitar un peligro o para acorralar a una presa. Cuando te falle la energía, invoca al espíritu del tiburón para sentir el estallido de energía creativa que te lleve a cruzar la línea de meta.

Aparte de la vista, el oído, el olfato, el gusto y el tacto, los tiburones tienen además otros sentidos que les permiten captar los campos eléctricos, los cambios de presión y los movimientos más diminutos en el agua. Algunos tiburones tienen que nadar continuamente para que el agua cargada de oxígeno les pase por las branquias, y la mayoría son incapaces de nadar hacia atrás por la forma de sus aletas pectorales. Estos detalles nos ofrecen una buena enseñanza metafórica. Solemos quedarnos atrapados en el pasado, cavilando sobre nuestros remordimientos y nuestro dolor emocional hasta tal extremo que somos incapaces de pasar a la siguiente etapa de nuestra vida. Cuando esto nos ocurra, podemos dejar que las enseñanzas del tiburón nos lleven hacia delante, siempre hacia delante, a nuevas aguas y mares más agradables.

Plantéate estas preguntas

- ¿Has dejado que un problema o una situación te impidieran avanzar? ¿Puedes imaginarte que eres un tiburón con los sentidos muy despiertos avanzando por el agua con determinación y propósito?
- ¿Qué aspectos de tu vida se beneficiarían si te movieras raudamente por ellos con la poderosa agilidad de un tiburón?
- ¿Te sientes cómodo buceando en las profundidades de tu vida emocional, a sabiendas de que estás en un entorno seguro y acogedor aunque te parezca peligroso o difícil?

Invoca al espíritu del tiburón

¿Te has planteado alguna vez nadar en un mar plagado de tiburones? No es necesario hacerlo para establecer una conexión con el espíritu del tiburón, pero imaginar esta actividad puede inspirarte asombro y respeto por la medicina de este animal. Ir al mar es otra forma de acercarte al poder enorme, profundo y misterioso que posee. Mientras pasas un tiempo cerca del mar o de una masa de agua, puedes dejar volar tu imaginación en las grandes e inmensas profundidades para invocar a este poderoso animal y sus enseñanzas.

La siguiente meditación breve te servirá para invocar al espíritu del tiburón en tu vida. Busca un lugar seguro y cómodo donde sentarte. Respira hondo tres veces y deja que los músculos de tu cuerpo se relajen mientras te imaginas surcando el inmenso océano sin que haya tierra a la vista. Hace un día radiante y soleado, y el agua es azul. Sumérgete ahora en las profundidades. Mira a tu alrededor, tus sentidos están muy despiertos mientras buceas. Ahora, si estás preparado, imagina que ves o sientes una esfera brillante ante ti: es la manifestación de una meta o un sueño que deseas alcanzar. Siente la asombrosa velocidad y destreza del tiburón en ti y avanza, deslizándote ágilmente por el agua hacia tu objetivo. Dedica unos momentos a sentir tu logro. Para concluir con suavidad la meditación, sube hasta la superficie del agua. Quizá desees escribir en tu diario cualquier descubrimiento intuitivo que hayas hecho.

Oración para la energía del tiburón

Espíritu del tiburón, gran cazador del mar profundo,
ayúdame a dirigirme con agilidad y rapidez
hacia mi objetivo y a superar los obstáculos
de mi camino. Ayúdame a que la inspiración
surja imparable de mi ser y me impulse
hacia mis sueños.

TOPO

Enseñanzas para recordar cuando te encuentres con topos

Los topos excavan túneles bajo tierra, la mayor parte del tiempo a ciegas, pero «ven» con sus patas y su hocico, y crean inmensos túneles y madrigueras que se conocen al milímetro. Las madrigueras de los topos irritan a muchos orgullosos propietarios de viviendas que prefieren tener un jardín impoluto en lugar de un espacio lleno de toperas. Sin embargo, las diligentes excavaciones de los topos airean la tierra y la mantienen saludable. Es el único mamífero que vive casi por completo bajo tierra, percibe y huele todo lo que le rodea en busca de lombrices para alimentarse. Cuando una lombriz cae en uno de sus túneles, el topo percibe la vibración y va a cazarla al instante. Sumamente sensibles al espacio que les rodea, están muy conectados a su hogar en la tierra.

Los topos tienen muchas cosas que enseñarnos sobre la consciencia y el arraigo en la tierra. Los seres humanos tenemos un sentido que nos permite «saber» instintivamente dónde está nuestro cuerpo en relación al espacio que nos rodea. Se denomina «propiocepción» y es lo

Ver también: lombriz, cigarra

Animales relacionados: armadillo, erizo, rata topo, musaraña

Elemento: tierra

- Estable
- Arraigado
- Sensible al espacio que lo rodea

que nos permite cerrar los ojos y tocarnos con la mano el codo del lado contrario. Este sentido nos ayuda a movernos por la vida sin tropezar constantemente con objetos, aunque nos puede fallar si estamos preocupados o ebrios. También podemos adquirir esta capacidad, como hacen los atletas o los bailarines, mediante movimientos intencionados y concentrados. En un sentido simbólico más amplio, la conciencia corporal no solo está relacionada con nuestro sentido del yo como ser físico, sino también con el aspecto mental y espiritual. La medicina de los topos nos ayuda a excavar más hondo en nuestra estabilidad física, emocional y espiritual.

Además, los topos nos enseñan a permanecer «en contacto con la tierra», ya que no solo viven bajo tierra, sino que también están en sintonía con ella de una forma muy concreta. Lo que les permite estar a salvo y bien alimentados. Nosotros también necesitamos estar muy conectados con la tierra en la que vivimos. Muchas personas han perdido este sentido vital de conexión. En parte, se debe a una razón externa, ya que al vivir en casas de ciudades y trabajar en edificios, pocas veces están en contacto con la tierra bajo sus pies. Y en parte, a una razón interna, puesto que viven distraídos por sus exigentes trabajos, su vida social y el constante flujo de información que reciben en el móvil y el ordenador, lo que los aleja siempre de su conexión con la tierra. Al igual que ocurre con la conciencia corporal, podemos adquirir la habilidad de calmar nuestra energía y volver a establecer una conexión con la presencia inmensa, sólida y amorosa de la Madre Tierra. Podemos recuperar el equilibrio y ser conscientes de lo que nos rodea y de lo que realmente requiere nuestra atención.

Plantéate estas preguntas

- ¿Qué puedes hacer hoy para sentirte más estable física, emocional y espiritualmente?

- ¿Te distrae lo que te rodea? ¿Qué necesitas para sintonizar con lo que realmente es importante para ti? ¿Desconectar un tiempo del teléfono móvil y del ordenador? ¿Dar un paseo en medio de la naturaleza?
- ¿Qué ocurriría si cerraras los ojos e intentaras encontrar la solución de un problema con tu cuerpo en lugar de con tus ojos?

Invoca al espíritu del topo

Para establecer una conexión con el espíritu del topo y con la energía de la tierra, haz este ejercicio básico de arraigamiento.

Sal al aire libre y busca un lugar donde nadie te moleste al menos durante veinte minutos. Descálzate y asienta las plantas de los pies en contacto con la tierra. Cierra los ojos y respira hondo varias veces. Mientras respiras, escucha durante unos momentos los sonidos de tu alrededor: los pájaros, el viento soplando entre los árboles o la hierba, el tráfico, los aviones. Intenta ahora escuchar los sonidos que no habías captado. Haz lo mismo con el sentido del olfato: intenta oler la hierba, los gases del coche que acaba de pasar, el olor que despide el hormigón bajo el sol, las flores. Ahora es el turno de tu sentido del tacto: capta el viento rozando tu piel o tu cabello. En cuanto tus sentidos se hayan agudizado, siente la tierra bajo tus pies descalzos, el lugar exacto donde están posados en este momento. Imagina que de las plantas de los pies te crecen unas raíces enormes que llegan hasta el centro de la tierra. Mientras respiras, la energía de la tierra sube por estas raíces hasta llegar a tu cuerpo como savia nutritiva, y luego se difunde por tu cabeza y tus manos como si fueran las ramas de un árbol.

Permanece así un rato, sintiendo la energía telúrica, la agudeza de tus sentidos mientras estás arraigado en la tierra. Cuando estés listo, pega las palmas de las manos al suelo y deja que la energía vuelva a la tierra, junto con cualquier preocupación o distracción de la que quieras desprenderte. Ahora sabes que estás conectado con la tierra, arraigado siempre a ella, hasta en los momentos en que no lo sientes. Respira hondo varias veces, vuelve a tu estado de conciencia habitual y pronuncia una oración de agradecimiento al espíritu del topo por enseñarte la sabiduría de estar en contacto con la tierra.

Oración para la energía del topo

Hermano topo que excavas en la oscuridad,
guardián de las grandes energías telúricas,
enséñame a estar siempre arraigado en la
Madre Tierra, a ser consciente
en este momento y lugar, a saber lo que
es importante y lo que
es real.

TORTUGA

Animales relacionados: armadillo, tortuga marina, caracol

Elementos: agua y tierra

- Sabia
- Preparada
- Paciente y confiada

Enseñanzas para recordar cuando te encuentres con tortugas

La gran tortuga que lleva el globo terráqueo a cuestas sobre su gigantesco caparazón es la creadora del mundo según las mitologías de muchas culturas indígenas de América del Norte, así como las de la India y China. Las tortugas terrestres y marinas encarnan la paciencia pausada, la sabiduría, el tiempo, y la autoprotección. Estos animales nos recuerdan que debemos tomárnoslo todo con más calma, disfrutar de la tranquilidad, consolidar nuestra fortaleza y crear nuestra realidad interior y exterior con diligencia.

Aunque por su aspecto exterior la tortuga parezca cargar con su caparazón, en realidad está unido a la columna vertebral. La tortuga no lleva a cuestas su hogar protector, sino que su hogar protector *es* ella. La medicina de las tortugas nos enseña que aunque creamos que nuestro hogar —la casa donde colgamos el sombrero o guardamos nuestros objetos personales-, está separado de nuestro ser, en realidad nuestro hogar verdadero está en nuestro interior, es una parte nuestra, como lo son los huesos de nuestro cuerpo. Este es el hogar del yo, un lugar de protección en nuestro interior donde podemos ser flexibles, centrados y fuertes.

Las tortugas son más longevas que cualquier otro animal del planeta. La más vieja nació en 1832, se llama *Jonathan*, y vive en la isla de Santa Elena. La vejez nos da sabiduría y conocimientos poderosísimos derivados de la experiencia, y en muchos sentidos los relatos culturales actuales han olvidado el poder de envejecer a medida que cada vez son más las personas que se obsesionan con prevenir la vejez de cualquier forma posible. La tortuga nos recuerda que nuestro cuerpo y nuestra mente al envejecer pueden volverse, y en realidad se vuelven, más fuertes de un modo que ni se nos ocurriría en nuestra juventud. En lugar de eludir esta etapa crucial de la vida, podemos descubrirla con una nueva mirada, fijarnos en las enseñanzas que nos ofrece, y aceptar que se trata de un proceso natural. La tortuga nos muestra el camino como un maestro espiritual, nos ayuda a confiar en el movimiento continuo del tiempo y en el proceso del envejecimiento.

Plantéate estas preguntas

- ¿En qué etapa de la vida te encuentras? ¿La aceptas o te resistes a ella?
- ¿Qué significa hogar para ti? ¿Te sientes a gusto en tu cuerpo? ¿Y contigo mismo? ¿Qué puedes hacer para darte la bienvenida a tu hogar y llevarlo en tu corazón?
- ¿Hay alguna persona mayor en tu vida que pueda ofrecerte sabiduría? ¿Hay alguna pregunta en tu corazón que puedas hacerle?

Invoca al espíritu de la tortuga

La tortuga nos ayuda a bajar el ritmo y a vivir el momento presente, pese a ser conscientes del paso del tiempo. Cuando te sientas sobre todo distraído o agitado, añadir el tótem de una tortuga a tu bolsa medicinal o a tu altar personal es muy poderoso. O puedes llevar en el bolsillo de una prenda de vestimenta la figura tallada de una tortuga. Y cuando te sientas apurado o agobiado, o creas que debes reaccionar en el acto a una situación o problema que surja ante ti, toca o sujeta con suavidad el talismán de la tortuga. Respira hondo y no olvides tomártelo todo con más calma. Siempre hay tiempo.

Otra enseñanza sabia y poderosa de la tortuga tiene que ver con el proceso del envejecimiento. Quizá eres joven y la vejez aún te queda muy lejana, o tal vez ya te encuentres en las últimas etapas de tu vida. ¿Qué temes del envejecimiento? ¿Temes la muerte? ¿La pérdida de ciertas facultades? ¿En qué sentido este miedo te impide disfrutar de este proceso natural, o sentir curiosidad por él y aceptarlo como parte de una vida bien vivida? ¿Puedes imaginarte una versión más maravillosa de tu yo viejo y sabio? ¿Quién te hace compañía? ¿De qué color son las prendas que vistes? ¿Qué libros lees? ¿Qué habilidad se ha vuelto algo natural para ti? ¿Qué reconforta y excita a tu imaginación? Y quizá lo más importante: ¿cómo transmites tu sabiduría para ayudar a los demás?

Te animo a conectar con amigos o familiares tuyos de edad avanzada. Pasa con regularidad un tiempo de calidad con ellos. Plantéales preguntas e inclínate un poco para escuchar las respuestas. En cada arruga y línea de su cara y de sus manos hay sabiduría, al igual que le ocurre a la gran tortuga ancestral que lleva el globo terráqueo sobre su robusto y paciente caparazón.

Oración para la energía de la tortuga

Tortuga ancestral y sabia
que ves pasar los siglos, ayúdame
a no apegarme a la juventud y
a aceptar el poder y el conocimiento
que comporta la edad. Enséñame a
escuchar la sabiduría que habita
siempre en el hogar de mi corazón.

VACA

Ver también: bisonte, cabra, oveja

Animales relacionados: buey, búfalo acuático, yak

Elemento: tierra

- Sustentadora
- Firme y tranquila
- Meditabunda

Enseñanzas para recordar cuando te encuentres con vacas

Hace miles de años que convivimos con las vacas, y además ocupan un lugar especial en los textos sagradas de muchas religiones del mundo entero. Los hindúes las consideran animales sagrados, y en ciertas regiones de la India está prohibido sacrificarlas. En el antiguo Egipto, las vacas se asociaban con la fertilidad. Varias diosas egipcias tienen algún elemento vacuno, como Hathor, la diosa de la alegría, el amor y la belleza.

Tendemos a no valorar a las vacas, en ocasiones las tomamos por bobas o por seres caricaturescos. Pero podemos honrar la solemnidad y el sosiego de estos animales, y también su calidez y lo relacionadas que están con sus compañeras y con sus cuidadores si se crían en un entorno afectuoso y respetuoso. Las vacas están relacionadas con el arraigo en la tierra y con el presente.

El sustento es un tema importante. La madre vaca alimenta con leche rica en nutrientes a sus becerros, y también a los humanos que consumen productos lácteos. La leche simboliza una nueva vida y el sustento en muchas culturas.

Rumiar forma parte del proceso digestivo de las vacas. Se trata de una fase en la que regurgitan la comida semidigerida que han guardado en uno de sus diversos estómagos para masticarla de nuevo. Constituye una gran enseñanza, en especial en nuestra época frenética en la que la capacidad de atención se ha acortado tanto. La vida discurre a un ritmo vertiginoso y la información la supera en velocidad. Podemos adquirir una nueva sabiduría y visión al dejar un tema a un lado y retomarlo más tarde con un poco más de espacio y perspectiva. Rumia para detenerte, pensar y digerir los acontecimientos del día. El mindfulness te ayuda a procesar tu vida a un ritmo saludable.

Plantéate estas preguntas

- ¿En qué aspecto tu espíritu está bien alimentado? ¿Cómo puedes contribuir al alimento físico, emocional o espiritual de tu comunidad?
- ¿Hay algún aspecto de tu vida al que convendría que le dediques una honda reflexión, quizá barajando distintas opciones con otras personas?
- ¿Practicas ejercicios de mindfulness? ¿Cómo puedes cultivar más paz y una suave solemnidad en tu vida?

Invoca al espíritu de la vaca

Es probable que haya vacas cerca de donde vives o en las afueras de tu ciudad. Si es así, podrás observar como viven calmosamente. Plantéate visitar una granja local que utilice la permacultura, un sistema que sirve para ayudar a reparar el ciclo sustentador de la Madre Tierra.

Un ejercicio que te ayudará a ralentizar el ritmo y a «rumiar» sobre los acontecimientos del día es la meditación mindfulness: piensa en la jornada empezando por el final, hasta llegar al principio. Al final del día, busca un lugar cómodo y deja que tu mente recuerde los acontecimientos en el sentido inverso. Cobra conciencia de cuántos detalles recuerdas mientras lo haces. Si te has sentido atrapado en algún sentido, toma nota y medita más a fondo sobre ello más tarde, tal vez mientras escribes tu diario o practicas una meditación sanadora. Cuando ralentizamos así el ritmo, percibimos más todo, y esta clase de consciencia abona el terreno para una verdadera paz interior.

Oración para la energía de la vaca

Luz guía, dulce presencia,
madre vaca, ayúdame a sustentarme
con el simple espacio terrenal del puro ser.
A reposar en una profunda paz y contemplación.

ZARIGÜEYA

Animales relacionados: armadillo, erizo, mangosta, puercoespín, demonio de Tasmania, wómbat

Elemento: tierra

- Ingeniosa
- Adaptable
- Autosuficiente

Enseñanzas para recordar cuando te encuentres con zarigüeyas

Las zarigüeyas vagan felices en solitario. Caminan balanceándose en medio de la oscuridad husmeando con el hocico en busca del siguiente bocado. Estos marsupiales no construyen nidos ni madrigueras duraderos, y tras dejar la bolsa de su madre tampoco se relacionan con otras zarigüeyas. Se han adaptado a una gran variedad de hábitats y comen prácticamente de todo. Tal vez viste una mientras paseabas por la noche, o vislumbraste el reflejo de sus ojos amarillos al iluminarla con los faros del coche. La zarigüeya, con su hocico puntiagudo, sus dientes afilados, sus cinco dedos robustos de las patas y su larga cola de roedor, puede ser asombrosa. Pero como nos ocurre a la mayoría de los humanos, son bastante dóciles si no se las molesta. Uno de los aspectos más poderosos de la medicina de las zarigüeyas es su gran ingeniosidad para sobrevivir. En realidad, son supervivientes que se alimentan de muchas especies de mamíferos del planeta, y han resistido más que todas ellas.

El truco de supervivencia más famoso de la zarigüeya es hacerse la muerta. Cuando se ve amenazada, se paraliza instintivamente y se queda quieta en el suelo hasta tal extremo que el ritmo cardíaco y el respiratorio le bajan en picado. Cierra los ojos, se le forma espuma en la boca, y produce un olor apestoso. Esta elaborada farsa engaña a los depredadores y les hace creer que ya estaba muerta. La zarigüeya puede hacerse la muerta durante horas mientras espera que su adversario pierda el interés y se largue.

Todos nos enfrentamos a momentos en los que nos parece que las cosas no nos podrían ir peor: perdemos el trabajo, nos separamos de nuestra pareja, nos diagnostican una enfermedad, afrontamos una difícil situación familiar, o tenemos que lidiar con un montón de contratiempos de golpe. A veces, necesitamos quedarnos solo con lo más esencial de nuestra vida, dejando todo lo demás atrás para pasar al siguiente capítulo de nuestro viaje. Quizá nos descubramos en soledad, lo hayamos elegido o no, e intentamos simplemente llegar al día siguiente. La zarigüeya nos recuerda que no es necesario tener un aspecto fabuloso o ser perfectos. No es necesario ponernos una máscara e ir a una fiesta fingiendo que todo nos va de maravilla. No es necesario ser siempre el centro de atención o rendir al máximo a todas horas. En ocasiones, sobrevivimos al hacer lo mínimo para salir del pozo y ver la luz de nuevo. La zarigüeya nos hace compañía en esos momentos de ermitaños, y nos recuerda que hacernos los muertos y reducir nuestra actividad al mínimo puede ser nuestra mejor respuesta adaptativa. Volveremos a resurgir, preparados para seguir adelante, a sabiendas de que tenemos el poder y la fuerza para sobrevivir.

Plantéate estas preguntas

- ¿Cuándo te has enfrentado a una crisis existencial? En esos momentos, ¿de qué podías desprenderte para ser más flexible y sentirte más protegido?
- ¿Te permites gozar de una soledad sanadora cuando lo necesitas, o incluso un poco *antes* de necesitarla?
- Cuando las cosas se ponen difíciles, ¿a qué medios recurres para encontrar una solución creativa e inesperada?

Invoca al espíritu de la zarigüeya

Si te atraen las lecciones de la zarigüeya, puedes escribir un diario o meditar sobre la soledad y las pérdidas en tu vida. Por suerte, ambas no producen a menudo. Pero en esos momentos cruciales, como al vivir un trauma, un duelo o una adicción, la zarigüeya te ayuda a reevaluar tus prioridades y a centrarte en lo necesario para sobrevivir. Acepta que no te sientes bien en ese momento. Si hay alguna situación en tu vida que requiere toda tu atención, piensa en de qué puedes desprenderte para dar un paso y luego otro. Como el tiempo nos proporciona una gran perspectiva y nos ayuda a recuperarnos, haz lo que sea necesario para llegar al día siguiente, y luego al otro.

Un retiro silencioso es otra forma de acceder a la sabiduría de la zarigüeya. Para cosechar los beneficios de una temporada de soledad y de intensa reflexión, meditación y oración, no es necesario ingresar para toda la vida en una orden religiosa. Quizá haya casas de retiro o monasterios en la zona donde vives que te ofrezcan la oportunidad de pasar un tiempo en silencio y contemplación para poder iniciar un capítulo nuevo de tu vida.

Oración para la energía de la zarigüeya

Amiga zarigüeya, viajera solitaria,
ayúdame a encontrar mi camino en
esta noche oscura del alma. A descubrir lo
esencial de mi vida para salir del
pozo y ver la luz, para despertar a un día
nuevo y a una nueva vida.

ZORRO

Enseñanzas para recordar cuando te encuentres con zorros

Los zorros, listos y adaptables, sigilosos y rápidos, parecen criaturas mágicas cuya naturaleza es salvaje, astuta y misteriosa. Menos imponentes y amenazadores que los osos o los lobos, son sin embargo tan listos y competentes como estos animales, y se los describe como traviesos, ladronzuelos y engañosos. Quizá la fama de astutos les venga del brillo salvaje de sus ojos, de su tendencia a perseguir o cazar animales de pequeño tamaño, de su expresión observadora, o de su destreza para desplazarse pasando desapercibidos. El zorro es un embaucador arquetípico.

Ver también: coyote, cuervo, conejo, araña

Animales relacionados: comadreja, tejón

Elemento: tierra

- Sigiloso, centrado y astuto
- Salvaje y mágico
- Engañoso y sabio

La sabiduría de un embaucador es profunda, pero a veces también crea confusión por las paradojas y polos opuestos que la componen. Las enseñanzas de los embaucadores se manifiestan de formas ocultas e inesperadas, y las cosas no siempre son lo que parecen. Los zorros y otros animales embaucadores, como los coyotes y los cuervos, aparecen en innumerables historias en las que engañan a alguien importante para obtener algo valioso con la intención de darle la vuelta y ofrecérselo a la humanidad. Y en estas historias no son siempre los triunfadores. Los embaucadores a veces también se comportan de forma absurda y son humillados, pero encuentran el modo de superarlo sin que les afecte y siguen adelante.

¿Acaso las ideas originales no son la mejor forma de aplicar la sabiduría del zorro? En una situación difícil, usa tu mente creativa para descubrir una solución inesperada. Darle la vuelta a las cosas o probar un punto de vista opuesto es otra estrategia zorruna. Los zorros se vuelven amigos tuyos en el acto cuando necesitas liberarte de tus domesticaciones y poseer una cierta naturaleza salvaje para recuperar el equilibrio y el fluir en tu vida. Los zorros también te apoyarán en esos desagradables momentos en los que te sientes engañado por la vida. A todos nos ha ocurrido alguna vez. Mientras nos regodeamos en nuestro dolor, resentidos y sintiendo lástima por nosotros mismos, el zorro nos susurra al oído desde los lugares salvajes del mundo: recupera la serenidad, enseña los dientes con una mueca socarrona y acepta tus imperfecciones. Después de todo, te está esperando un mundo inmenso, salvaje e imperfecto.

Plantéate estas preguntas

- ¿Te has sentido engañado recientemente y te cuesta olvidarlo? ¿Eres capaz de reírte de ti mismo y sacudirte ese sentimiento negativo?
- ¿Has llevado una vida demasiado sosegada últimamente? ¿Puedes cambiar el guión y ver qué ocurre?
- ¿Te obliga la domesticación a ser modesto y obediente? ¿Cómo podrías ser un poco más astuto, cauteloso y más centrado en tu vida?

Invoca al espíritu del zorro

Invoca a la energía del zorro con el juego atrevido de: «¿Y si...?» Escribe en tu diario los sueños más salvajes y los impulsos más absurdos que te vengan a la mente. Procura no censurar tus pensamientos, deja simplemente que fluyan. Elige un par de sueños o de objetivos que te llamen la atención y pregúntate: «¿Y si...» ¿Y si diera la vuelta al mundo en un velero? ¿Y si le escribiera a la persona de la que me he enamorado? ¿Y si hoy mi hijo no fuera al colegio y emprendiéramos una aventura familiar? No temas llegar juguetonamente al límite, sabes lo que es correcto y cuándo has ido demasiado lejos.

Así quizá se te ocurran algunas ideas nuevas para darle un toque salvaje a tu rutina diaria. ¿Cenar panqueques? ¿Teñirte el pelo de color violeta de manera temporal o permanente? ¿Conversar con tu gato sobre filosofía? Esta clase de pensamientos absurdos algo locos además de ayudarte a liberar mucho estrés, te recuerdan que eres una persona fuerte, escurridiza y lista, dispuesta a alcanzar tus sueños más salvajes y a superar los mayores retos con un brillo en los ojos y una sonrisa en el rostro.

Oración para la energía del zorro

Primo zorro, salvaje y loco
que te adentras y sales de las sombras
en los límites del bosque,
haz que sea listo y veloz, ayúdame
a evitar los engaños y las trampas, a ver
con una mirada penetrante y a oler
con una fina nariz. Ayúdame a
mantener un pie en los lugares salvajes
y a reírme cuando el mundo
se vuelva un lugar extraño.

ÍNDICE DE ANIMALES

SOBRE EL AUTOR

Don José Ruiz nació en Ciudad de México y creció en Tijuana, México. Desde su niñez recibió la guía de muchos maestros presentes en su vida, entre quienes se encuentran su madre, Maria, su padre, don Miguel, y su abuela Sarita.

En su calidad de nagual (que significa «chamán» en náhuatl), don José amplía con su nuevas percepciones la antigua sabiduría de su familia, trasladándola a conceptos prácticos de la vida cotidiana que fomentan la transformación por medio de la verdad, el amor y el sentido común. Don José ha dedicado su vida a compartir la sabiduría tolteca y viaja por el mundo entero ayudando a los demás a encontrar su propia verdad personal.

Además de *La bolsa medicinal*, ha escrito *La sabiduría de los chamanes*, y es coautor de *El quinto acuerdo*, en colaboración con su padre, don Miguel Ruiz, autor de *Los cuatro acuerdos*.

Ecosistema digital

Floqq
Complementa tu lectura con un curso o webinar y sigue aprendiendo.
Floqq.com

Amabook
Accede a la compra de todas nuestras novedades en diferentes formatos: papel, digital, audiolibro y/o suscripción.
www.amabook.com

Redes sociales
Sigue toda nuestra actividad. Facebook, Twitter, YouTube, Instagram.